Uwielbienie w duchu i w prawdzie

Duchowe uwielbienie

Dr. Jaerock Lee

*„Nadchodzi jednak godzina, owszem już jest,
kiedy to prawdziwi czciciele będą oddawać cześć
Ojcu w Duchu i prawdzie, a takich to czcicieli chce mieć Ojciec.
Bóg jest duchem; potrzeba więc,
by czciciele Jego oddawali Mu cześć w Duchu i prawdzie".
(Jan 4,23-24)*

Uwielbienie w duchu i w prawdzie Dr. Jaerock Lee
Opublikowano przez Urim Books (Przedstawiciel: Johnny. H. Kim)
235-3, Guro-dong 3, Guro-gu, Seul, Korea
www.urimbooks.com

Wszelkie prawa zastrzeżone. Żadna część niniejszej publikacji nie może być reprodukowana, przechowywana jako źródło danych i przekazywana w jakiejkolwiek formie elektronicznej, mechanicznej, kopii, zapisu lub innej, bez uzyskania pisemnej zgody wydawcy.

Chyba że zaznaczono inaczej, cytaty z Pisma Świętego pochodzą z Biblii Tysiąclecia.

Copyright @ 2012 by Dr Jaerock Lee
ISBN: 979-11-263-1282-5 03230
Translation Copyright @ 2012 by Dr. Esther K. Chung. Used by permission.

Pierwsze wydanie listopad 2012

Uprzednio opublikowane w języku koreańskim przez wydawnictwo Urim Books w 1992 w Seulu, Korea

Edycja: Dr Geumsun Vin
Projekt: Editorial Bureau of Urim Books
Aby uzyskać więcej informacji, należy skontaktować się z nami przez:
urimbook@hotmail.com

Przedmowa

Drzewa akacjowe powszechnie występują na pustyni w Izraelu. Ich korzenie sięgają kilkadziesiąt metrów pod powierzchnię i poszukują wód podziemnych, umożliwiających ich przeżycie. Na pierwszy rzut oka, drzewa akacjowe są drewnem opałowym, jednak ich lignum jest o wiele solidniejsze i wytrzymałe niż większości innych drzew.

Bóg nakazał, aby Skrzynia Przymierza została zbudowana z drzewa akacjowego, pokryta złotem i umieszczona w Miejscu Najświętszym. Miejsce Najświętsze jest miejscem poświęconym, w którym przebywa Bóg i do którego mógł wejść tylko najwyższy kapłan. Tak samo, człowiek, który zakorzenił się w Słowie Bożym, nie będzie tylko cennym instrumentem w oczach Bożych, ale również będzie cieszył się ogromem błogosławieństw w swoich życiu.

W Ks. Jeremiasza 17,8 napisano: „Jest on podobny do drzewa zasadzonego nad wodą, co swe korzenie puszcza ku strumieniowi; nie obawia się, skoro przyjdzie upał, bo utrzyma zielone liście; także w roku posuchy nie doznaje niepokoju i nie przestaje wydawać owoców". „Woda" w sensie duchowym odnosi się do Słowa Bożego, a człowiek, który otrzymuje Boże błogosławieństwa będzie cenić możliwość uczestnictwa w nabożeństwach uwielbieniowych, podczas których wywyższany jest Bóg. Uwielbienie jest ceremonią, podczas której Bogu okazuje się szacunek i cześć. Podsumowując, ponieważ chrześcijańskie uwielbienie jest ceremonią, podczas której okazujemy wdzięczność, szacunek, część i chwałę Bogu. Zarówno w czasach Starego Testamentu i obecnie, Bóg poszukuje ludzi, którzy będą uwielbiać Go w duchu i w prawdzie. W Ks. Kapłańskiej w Stary Testamencie znajduje się szczegółowy opis uwielbienia. Niektórzy ludzie twierdzą, że ponieważ Ks. Kapłańska koncentruje się na prawie dotyczącym składania ofiar Bogu w sposób starotestamentowy, nie ma zastosowania dla nas żyjących w obecnych czasach. To nie prawda, ponieważ znaczenie praw starotestamentowych w uwielbieniu zakorzenione jest w sposobach uwielbienia widocznych dzisiaj. Podobnie jak w czasach Starego Testamentu, uwielbienie w czasach Nowego Testamentu jest ścieżką, na której spotykamy Boga. Tylko jeśli postępujemy zgodnie z duchowym znaczeniem praw starotestamentowych dotyczących składania ofiar, które były nieskazitelne, możemy uwielbiać Boga w czasach nowotestamentowych w duchu i w prawdzie.

Ta książka skupia się na lekcjach i znaczeniu różnych ofiar, jak ofiary całopalne, ofiary z ziarna, ofiary pokojowe, ofiary za grzech oraz ofiary zadośćuczynienia, ponieważ mają one zastosowanie również do nas żyjących w czasach nowotestamentowych. Pomoże nam to zrozumieć, w jaki sposób powinniśmy służyć Bogu. Aby ułatwić czytelnikom zrozumienie prawa dotyczącego ofiar, zawarłem w książce pewne obrazy i rysunki świątyni, wnętrza miejsca świętego i najświętszego oraz niektórych narzędzi związanych z uwielbienie.

Bóg mówi nam: „Bądźcie świętymi, jak i ja jestem święty" (Ks. Kapł. 11,45; 1 Piotra 1,16) i pragnie, aby każdy z nas zrozumiał prawa dotyczące składania ofiar zapisane w Ks. Kapłańskiej i prowadził uświęcone życie. Mam nadzieję, że uda się nam wyjaśnić każdy aspekt ofiar składanych w czasach starotestamentowych oraz uwielbienia w czasach nowotestamentowych. Mam również nadzieję, że zbadacie swój sposób uwielbienia i zaczniecie uwielbiać Boga tak, jak Jemu się to podoba.

Modlę się w imieniu Jezusa Chrystusa, abyś tak jak Salomon zbadał swoje metody uwielbienia i uwielbiał Boga, sprawiając mu przyjemność. Salomon składał tysiące ofiar całopalnych. Niech każdy czytelnik tej książki wykorzysta cenne narzędzie przed Bogiem, jak drzewo zasadzone nad wodą, i cieszy się ogromem błogosławieństw, okazując Bogu miłość i wdzięczność, uwielbiając Go w duchu i w prawdzie!

luty 2010
Dr Jaerock Lee

Spis treści

Uwielbienie w duchu i w prawdzie

Przedmowa

Rozdział 1
Duchowe uwielbienie przyjmowane przez Boga   1

Rozdział 2
Ofiary starotestamentowe opisane w Księdze Kapłańskiej   17

Rozdział 3
Ofiary całopalne   43

Rozdział 4
Ofiary pokarmowe   67

Rozdział 5
Ofiara biesiadna   83

Rozdział 6
Ofiara za grzechy   95

Rozdział 7
Ofiara zadośćuczynienia   111

Rozdział 8
Niech wasze ciała będą żywą i świętą ofiarą   123

Rozdział 1

Duchowe uwielbienie przyjmowane przez Boga

„Bóg jest duchem; potrzeba więc, by czciciele Jego oddawali Mu cześć w Duchu i prawdzie".

Jan 4,24

1. Ofiary w czasach starotestamentowych i uwielbienie w czasach nowotestamentowych

Adam, pierwszy człowiek stworzony przez Boga, był istotą, która miała bezpośrednią i intymną relację z Bogiem. Po tym, jak człowiek został skuszony przez szatana i popełnił grzech, jego intymna relacja z Bogiem została przerwana. Dla Adama i jego potomków, Bóg przygotował sposób, umożliwiający uzyskanie przebaczenia i zbawienia oraz otworzył drogę, krocząc którą człowiek będzie mógł odbudować komunikację z Bogiem. Ten sposób został zawarty w metodach składania ofiar w czasach starotestamentowych.

Ofiary starotestamentowe nie zostały opracowane przez człowieka. To Bóg poinstruował człowieka i odkrył przed nim tajemnicę składania ofiar. Dowiadujemy się o tym w Ks. Kapł. 1,1: „Pan wezwał Mojżesza i tak powiedział do niego z Namiotu Zgromadzenia...". Dowiadujemy się również o tym z historii Abla i Kaina, synów Adama, którzy składali ofiary Bogu (Ks. Rodz. 4,2-4).

Te ofiary, według ich znaczenia, składane były zgodnie z określonymi zasadami. Są podzielone na ofiary całopalne, ofiary pokarmowe, ofiary pokojowe, ofiary za grzech i ofiary zadośćuczynienia, oraz zależnie od ciężkości grzechu i okoliczności, w jakich ludzie składali ofiary, ofiarowane były byki, baranki, kozy, gołębie i mąka. Kapłani, którzy składali ofiary mieli być wstrzemięźliwi, rozważni w swoim postępowaniu, mieli nosić efod i składać ofiary przygotowane z największą uwagą zgodnie z określonymi zasadami. Takie ofiary były formalnością i były skomplikowane i restrykcyjne.

W czasach starotestamentowych, kiedy człowiek zgrzeszył, mógł otrzymać przebaczenie tylko jeśli złożył ofiarę, zabijając zwierzę, a dzięki krwi zwierzęcia, grzech został przebaczony. Jednakże, ta sama krew zwierząt ofiarowana z roku na rok nie mogła w pełni oczyścić ludzi z ich grzechów; takie ofiary były tymczasowym rozwiązaniem, dlatego nie były doskonałe. Pełne odkupienie człowieka z grzechu jest możliwe tylko dzięki życiu człowieka.

W 1 Koryntian 15,21 czytamy: „Ponieważ bowiem przez człowieka [przyszła] śmierć, przez człowieka też [dokona się] zmartwychwstanie". Dlatego Jezus, Syn Boży przyszedł na świat w ciele i mimo, że był bezgrzeszny, przelał swoją krew na krzyżu i umarł. Ponieważ Jezus stał się ofiarą (Hebr. 9,28) nie ma już potrzeby, by składać ofiary krwawe, które wymagały przestrzegania skomplikowanych i sztywnych zasad.

W Liście do Hebrajczyków 9,11-12 czytamy: „Ale Chrystus, zjawiwszy się jako arcykapłan dóbr przyszłych, przez wyższy i doskonalszy, i nie ręką - to jest nie na tym świecie - uczyniony przybytek, ani nie przez krew kozłów i cielców, lecz przez własną krew wszedł raz na zawsze do Miejsca Świętego, zdobywszy wieczne odkupienie". Jezus dokonał wiecznego odkupienia.

Dzięki Jezusowi Chrystusowi, nie musimy już składać krwawych ofiar, ale możemy przyjść do Niego i złożyć Mu w ofierze nasze uświęcone życie. To właśnie jest uwielbienie w czasach nowotestamentowych. Ponieważ Jezus złożył ofiarę za grzechy i został przybity do krzyża, przelewając swoją krew (Hebr. 10,11-12), jeśli z całego serca wierzymy, że zostaliśmy odkupieni z grzechu i przyjęliśmy Jezusa Chrystusa, możemy otrzymać przebaczenie naszych grzechów. Nie chodzi tu o uczynki, ale o wiarę, która wypływa z serca. To żywa i święta ofiara oraz duchowe uwielbienie (Rzym. 12,1). Nie oznacza to, że ofiary Starego Testamentu zostały zniesione. Jeśli Stary Testament stanowi cień, Nowy Testament jest formą. Tak jak w przypadku prawa, zasady dotyczące ofiar w Starym Testamencie zostały dopracowane w Nowym Testamencie przez Jezusa. W czasach nowotestamentowych formalność zmieniła się w uwielbienie. Tak, jak Bóg cieszy się nieskazitelnymi i czystymi ofiarami w Starym Testamencie, tak raduje się uwielbieniem oferowanym w duchu i w prawdzie w czasach nowotestamentowych. Formalności i procedury to nie tylko zewnętrzne ceremonie, ale duchowa głębia i znaczenie. Służą jako wskaźnik, dzięki któremu możemy sprawdzić nasze nastawienie do uwielbienia.

Najpierw poprzez przyjęcie odpowiedzialności za swoje czyny i grzechy przed bliźnimi, braćmi i Bogiem (ofiara zadośćuczynienia), osoba wierząca musi spojrzeć na swoje życie, wyznać swoje grzechy i prosić o przebaczenie (ofiara za grzechy), a następnie uwielbiać Boga z czystym sercem i w szczerości (ofiara całopalna). Kiedy sprawiamy radość Bogu, składając ofiary przygotowane z uwagą i wdzięczności za Jego łaskę, która chroniła nas w poprzednim tygodniu (ofiara pokarmowa) i przedstawiając pragnienia serca (ofiara pokojowa), On spełni nasze pragnienia i da nam siłę i moc, by pokonać to, co światowe. Właśnie w ten sposób w uwielbieniu nowotestamentowych zawarte jest znaczenie praw dotyczących składania ofiar w Starym Testamencie. Prawa dotyczące składania ofiar w Starym Testamencie zostaną dogłębniej zbadanie w Rozdziale 3.

2. Uwielbienie w duchu i w prawdzie

W Ew. Jana 4,23-24 Jezus powiedział: „Nadchodzi jednak godzina, owszem już jest, kiedy to prawdziwi czciciele będą oddawać cześć Ojcu w Duchu i prawdzie, a takich to czcicieli chce mieć Ojciec. Bóg jest duchem; potrzeba więc, by czciciele Jego oddawali Mu cześć w Duchu i prawdzie". To część słów wypowiedzianych przez Jezusa do kobiety, którą spotkał przy studni w Samarii. Kobieta zapytała Jezusa, który rozpoczął rozmowę z nią przy studni, prosząc ją o wodę, o miejsce uwielbienia – temat, który od dawna był przedmiotem ciekawości (Jan 4,19-20).

Podczas gdy Żydzi składali ofiary w Jerozolimie, gdzie znajdowała się świątynia, Samarytanie składali ofiary na Górze Gerizim. W czasach panowania Rehabeama, syna Salomona Izrael był podzielony na dwie części i północna część była oddzielona tak, by uniemożliwić ludziom podróżowanie do świątynie w Jerozolimie. Kobieta była tego świadoma, dlatego chciała wiedzieć, które miejsce jest odpowiednim miejscem uwielbienia.

Dla ludu izraelskiego miejsce uwielbienia miało szczególne

znaczenie. Ponieważ Bóg był obecny w świątyni, wydzielili świątynie jako centrum wszechświata. Jednakże, ponieważ sposób uwielbienia jest ważniejszy dla Boga niż miejsce uwielbienia, Jezus przedstawił się jako Mesjasz, aby odbudować zrozumienie uwielbienia.

Co to znaczy „uwielbiać w duchu i w prawdzie"? Uwielbienie w duchu oznacza traktowanie Słowa Bożego zapisanego w 66 księgach Biblii jako pokarmu, pełnego inspiracji i pełni Ducha Świętego, oraz uwielbienie z głębi serca, wynikające z tego, że Duch Święty zamieszkuje w nas. Uwielbienie w prawdzie to wraz z odpowiednim zrozumieniem Boga, uwielbienie Go z serca, ciała, woli i szczerości, przynosząc Mu wdzięczność, modlitwę, chwałę, uczynki i ofiary z radością.

To, czy Bóg przyjmuje nasze uwielbienie nie zależy od naszego wyglądu zewnętrznego lub rozmiaru ofiary, ale od stopnia uwagi, jaką zwracamy w indywidualnych okolicznościach naszego życia. Bóg z radością przyjmie i odpowie na pragnienia serce ludzi, którzy oddają Mu cześć z głębi serca i będzie im błogosławił. Jednakże, nie przyjmie uwielbienia ze strony butnych osób, które są bezmyślne i troszczę się tylko o to, co inni myślą na ich temat.

3. Uwielbienie w postaci darów przyjmowane przez Boga

Ludzie żyjący w czasach nowotestamentowych, kiedy wszystkie prawa zostały wypełnione przez Jezusa Chrystusa, muszą uwielbiać Boga doskonale, ponieważ miłość jest największym przykazaniem danym nam przez Jezusa, który wypełnił prawo miłością. Uwielbienie jest wyrazem miłości do Boga. Niektórzy ludzie wyznają swoją miłość do Boga ustami, jednak sposób, w który uwielbiają Go wydaje się kwestionować to, czy rzeczywiście Go kochają z głębi serca.

Gdybyśmy spotykali się z kimś, kto jest od nas starszy lub wyższy rangą, przygotowalibyśmy nasze ubranie, nastawienie i serce. Jeśli chcielibyśmy dać takiej osobie prezent, przygotowalibyśmy coś nieskazitelnego z największą uwagą. Bóg jest Stworzycielem wszystkiego we wszechświecie i jest godzien chwały i uwielbienia. Jeśli mamy wielbić Boga w duchu i w prawdzie, nie możemy zachowywać się impertynencko. Musimy przyjrzeć się samym sobie i zbadać swoje życie, upewniając się, że uczestniczymy w nabożeństwa uwielbieniowych ciałem, sercem, wolą i uwagą.

1) Nie możemy spóźniać się na nabożeństwa.

Ponieważ uwielbienie jest ceremonią, podczas której uznajemy duchową władzę niewidzialnego Boga, uznamy Go z serca tylko jeśli będziemy stosować zasady i przykazania, które ustanowił. Dlatego, zuchwałością jest spóźnianie się na nabożeństwo z jakiejkolwiek przyczyny.

Ponieważ czas nabożeństwa to czas, który poświęcamy Bogu, musimy przybyć przed czasem, poświęcić się modlitwie i przygotować nasze serca na nabożeństwo. Jeśli mielibyśmy spotkać się z królem, prezydentem lub premierem, z pewnością przybylibyśmy na czas i czekali w przygotowaniu. W takim razie, jak możemy spóźniać się na spotkanie z Bogiem, który jest większy i potężniejszy?

2) Musimy poświęcić całkowitą uwagę poselstwu. Pasterz (pastor) jest kaznodzieją wyznaczonym przez Boga; jest jak kapłan w czasach starotestamentowych. Pasterz, który głosi Słowo Boże z ołtarza prowadzi owce do miejsca schronienia. Dlatego, Bóg uważa bezczelność czy nieposłuszeństwo w stosunku do pasterza za bezczelność i nieposłuszeństwo w stosunku do siebie. W Ks. Wyjścia 16,8 czytamy, że kiedy lud izraelski narzekał przeciwko Mojżeszowi, tak naprawdę narzekali przeciwko Bogu. W 1 Samuela 8,4-9, kiedy ludzi okazywali nieposłuszeństwo prorokowi Samuelowi, Bóg uważał to za nieposłuszeństwo woli Bożej. Dlatego jeśli rozmawiasz z inną osobą lub twój umysł wypełniony jest błahymi myślami podczas kazania, zachowujesz się bezczelnie w stosunku do Boga.

Nieuwaga lub zasypianie podczas kazań są bezczelnością. Czy wyobrażacie sobie, jak niegrzecznie byłoby, gdyby sekretarz lub minister zasypiał podczas spotkania z prezydentem? Tak samo, zasypianie w świątyni, która stanowi ciało Naszego Pana jest bezczelnością przed Bogiem, pasterzem, braćmi i siostrami w wierze.

Nie powinniśmy uwielbiać, mając złamanego ducha. Bóg nie przyjmie uwielbienia oferowanego Mu bez wdzięczności i radości, lecz w żalu i gniewie. Dlatego, musimy uczestniczyć w nabożeństwach uwielbieniowych, słuchając poselstwa z uwagą, mając nadzieję na niebo i z sercem pełnym wdzięczności za łaskę zbawienia i miłość. Bezczelnością jest podawanie ręki lub mówienie do osoby, która się modli. Tak, jak bezczelne jest przerywanie rozmowy między dwiema osobami, tak nie należy przerywać rozmowy człowieka z Bogiem.

3) Przed uczestnictwem w nabożeństwach nie należy spożywać alkoholu ani palić.

Bóg nie uznaje niemożności człowieka nowowierzącego, by rzucić picie lub palenie z powodu słabej wiary za grzech. Jednakże, kiedy człowiek został ochrzczony i piastuje stanowisko w kościele, a nadal pali i pije, jest to bezczelnością w stosunku do Boga.

Nawet niewierzący uważają to za coś niewłaściwego, by pójść do kościoła „pod wpływem" lub po wypaleniu papierosa. Jeśli człowiek zastanowi się nad problemami i grzechami wynikającymi z picia i palenia, dzięki prawdzie będzie w stanie zachowywać się jak dziecko Boże.

Palenie powoduje raka i jest szkodliwe dla ciała, natomiast picie, które powoduje intoksykację, może być źródłem niewłaściwego zachowania lub mowy. Jak człowiek wierzący, który pali i pije może służyć Bogu i być przykładem, jeśli Jego zachowanie może Go hańbić? Dlatego, jeśli masz prawdziwą wiarę, musisz odrzucić takie zachowania. Nawet jeśli jesteś początkujący w wierze, włożenie wysiłku w odpowiednie zachowanie jest czymś właściwym w oczach Bożych.

4) Nie możemy przeszkadzać ani niszczyć atmosfery nabożeństwa uwielbieniowego.

Świątynia jest miejscem świętym, przeznaczonym na uwielbienie, modlitwę i chwalenia Boga. Jeśli rodzice pozwalają dzieciom płakać, hałasować lub biegać, inni członkowie kościoła powinni zareagować. W oczach Bożych coś takiego jest bezczelnością. Brakiem szacunku jest również gniew lub omawianie spraw biznesowych lub towarzyskich w świątyni Boga. Rzucie gumy, głośne rozmowy z innymi lub wstawanie i wychodzenie podczas nabożeństwa są oznaką braku szacunku. Zakładanie nakryć głowy, koszulek, dresów, japonek lub klapek na nabożeństwo odbiega od odpowiednich zasad zachowania. Wygląd zewnętrzny nie jest ważny, jednak ukazuje nastawienie i serce człowieka. Troska jaką przykładamy, by przygotować się na nabożeństwo widoczna jest również w naszym wyglądzie.

Właściwe zrozumienie Boga i tego, czego od nas chce, daje nam możliwość właściwego uwielbienia, który przyjmuje Bóg. Jeśli uwielbiamy Boga w taki sposób, jaki sprawia Mu przyjemność, kiedy chwalimy Go w duchu i w prawdzie, da nam zrozumienie, abyśmy zapisali je w swoich sercach, wydali obfity owoc i cieszyli się łaską i błogosławieństwami, które na nas zsyła.

4. Życie oznaczone przez Uwielbienie w duchu i w prawdzie

Jeśli uwielbiamy Boga w duchu i w prawdzie, nasze życie zostaje odnowione. Bóg pragnie, by życie każdego z nas było życiem oznaczonym przez uwielbienie w duchu i w prawdzie. Jak powinniśmy się zachowywać, by nasze nabożeństwa uwielbieniowe były radością dla Boga?

1) Zawsze się radujmy.

Prawdziwa radość pojawia się nie tylko wtedy, gdy nasze życie jest radosne, ale także w chwilach bolesnych i trudnych. Jezus, którego przyjęliśmy jako naszego Zbawiciela, jest powodem do radości, ponieważ On wziął na siebie wszystkie nasze przekleństwa.

Kiedy kroczyliśmy drogą zniszczenia, On nas odkupił od grzechu, przelewając Swoją krew. Wziął na siebie nasze ubóstwo i choroby, poluzował więzy zła, bólu, smutku i śmierci. Co więcej, zniszczył władzę śmierci i zmartwychwstał, dając nam nadzieję na zmartwychwstanie i pozwolił nam otrzymać prawdziwe życie i piękne niebo.

Jeśli posiedliśmy Jezusa dzięki wierze jako nasze źródło radości, będziemy się radować. Ponieważ mamy nadzieję na życie wieczne i nieustające szczęście, nawet jeśli nie mamy jedzenia lub pojawiają się problemy rodzinne, prześladowania i trudy, rzeczywistość nie będzie miała znaczenia. Jeśli nasze serce jest pełne miłości do Boga, a nasza nadzieje jest niezachwiana, radość nigdy nie przygaśnie. Więc jeśli nasze serca wypełnione są Bożą łaską i nadzieją na niego, radość trwa, a trudności łatwo nam odbierać jako błogosławieństwa.

2) Módlmy się bez ustanku.

Modlitwa bez ustanku ma trzy znaczenia. Po pierwsze, chodzi o nawyk modlitwy. Nawet Jezus podczas swojej służby szukał cichych miejsc, gdzie mógłby się modlić według swojego zwyczaju. Daniel regularnie modlił się trzy razy dziennie, a Piotr i inni uczniowie odkładali czas na modlitwę. Musimy modlić się regularnie, aby zapewnić olej Ducha Świętego dla naszych lamp. Tylko wtedy właściwie zrozumiemy Słowo Boże głoszone podczas nabożeństw i otrzymamy siłę, by żyć zgodnie z tym Słowem.

Modlitwa bez ustanku to modlitwa w chwilach, które nie są z góry ustalone i zaplanowane. Są chwilę, kiedy Duch Święty przemawia do nas, byśmy się modlili w innym czasie. Często słyszymy świadectwa ludzi, którzy uniknęli trudności lub wypadku, ponieważ modlili się w takich chwilach.

Po trzecie, modlitwa bez ustanku oznacza rozmyślanie nad Słowem Bożym w dzień i w nocy. Bez względu na to, gdzie, z kim i co robi dana osoba, prawda w jej sercu musi być żywa i aktywnie działać.

Modlitwa jest jak oddech naszego ducha. Tak, jak ciało umiera, kiedy przestaje oddychać, zaprzestanie modlitwy doprowadzi do osłabienia, a w końcu do duchowej śmierci. Człowiek modli się bez ustanku nie tylko wtedy, kiedy woła do Boga w modlitwie o określonych porach, ale również kiedy rozważa Słowo Boże dniem i nocą, oraz żyje zgodnie z nim. Jeśli w naszym sercu mieszka Słowo Boże, człowiek prowadzi życie w jedności z Duchem Świętym, każdy aspekt życia będzie obfitować i będzie prowadzony przez Ducha Świętego.

Tak, jak Biblia mówi nam, byśmy najpierw szukali królestwa Bożego i Jego sprawiedliwości, kiedy modlimy się o Boże królestwo – Jego opatrzność i zbawienie dla dusz – zamiast za nas samych, Bóg błogosławi nam obficie. Jednak są ludzie, którzy modlą się wtedy, gdy stawiają czoła trudnościom lub kiedy czują, że czegoś im brakuje, jednak kiedy sytuacja uspokaja się, przestają się modlić. Inni modlą się gorliwie, kiedy są wypełnieni Duchem Świętym, jednak zaprzestają, kiedy tracą pełnię Ducha. Niemniej jednak, musimy wznosić nasze serca do Boga, ponieważ jest to dla Niego przyjemnością. Możecie sobie wyobrazić, jak bardzo trudne jest wymuszenie słów przeciwko woli człowieka, aby wypełnić czas modlitwy, walcząc ze snem i błahymi myślami. Jeśli człowiek uważa, że ma wiarę, a mimo to doświadcza takich trudności i czuje się obciążony rozmową z Bogiem, czy nie powinien być zawstydzony wyznawaniem miłości Bogu? Jeśli czujesz, że twoja modlitwa jest duchowo nudna, zbadaj swoje serce, by zobaczyć, jak radosny i wdzięczny jesteś Bogu.

Jeśli serce człowiek jest pełne radości i wdzięczności, modlitwa będzie pełna Ducha Świętego i nie będzie nudna, lecz trafi do głębin. Człowiekowi nie będzie wydawać się, że nie umie się modlić. Zamiast tego, im trudniej będzie mu w życiu, tym bardziej będzie pragnął Bożej łaski, która sprawi, że będzie jeszcze gorliwiej wołać do Boga, a jego wiara będzie stopniowo wzrastać.

Kiedy wołamy do Boga z głębi serca bez ustanku, wydamy obfity owoc modlitwy. Pomimo prób, które mogą się pojawić, będziemy mieć czas na modlitwę. W zależności od tego, jak głęboko będziemy wołać do Boga, duchowa głębia wiary i miłości wzrośnie, i będziemy dzielić się nią z innymi. Dlatego, konieczne jest, byśmy modlili się bez ustanku w radości i wdzięczności, aby otrzymać odpowiedzi od Boga w formie pięknych owoców duchowych i cielesnych.

3) Musimy za wszystko okazywać wdzięczność.

Jakie masz powody do wdzięczności? Przede wszystkim to, że my, którzy mieliśmy umrzeć, możemy być zbawieni i zamieszkać w niebie. Fakt, że otrzymaliśmy wszystko, łącznie z chlebem i dobrym zdrowiem, jest powodem, by być wdzięcznym. Co więcej, możemy być wdzięczni pomimo trudności i prób, ponieważ wierzymy we wszechmocnego Boga.

Bóg zna okoliczności naszego życia i sytuacje, oraz wysłuchuje wszystkich naszych modlitw. Jeśli ufamy Bogu w pełni nawet w obliczu trudności, On przeprowadzi nas przez próby i doświadczenia.

Jeśli przechodzimy próby w imieniu naszego Pana lub kiedy stawiamy czoła trudności z powodu naszych błędów lub wad, jeśli prawdziwie ufamy Bogu, będziemy odczuwać, że jedyne, co możemy zrobić to okazywać wdzięczność. Jeśli czegoś nam brakuje, będziemy wdzięczni za moc Bożą, która wzmacnia nas i udoskonala słabość. Nawet jeśli rzeczywistość staje się trudna, będziemy w stanie okazywać wdzięczność dzięki naszej wierze w

Boga. Jeśli okazujemy wdzięczność dzięki wierze aż do końca, wszystko poukłada się i otrzymamy błogosławieństwa.

Ciągła radość, modlitwa bez ustanku i dziękczynienie są miarą tego, jaki duchowy i cielesny owoc wydajemy w naszym życiu wiary. Im bardziej jesteśmy radośni, pomimo sytuacji, siejemy radość i okazujemy wdzięczność z głębi serca, szukając powodów, by okazać wdzięczność, tym więcej owocu radości i wdzięczności wydamy. Tak samo jest z modlitwą; im więcej wkładamy w nią wysiłki, tym więcej siły i odpowiedzi otrzymamy w zamian.

Dlatego, ofiarując Bogu każdego dnia duchową służbę uwielbienia, której pragnie i która sprawia Mu przyjemność, prowadząc życie pełne radości, modlitwy i dziękczynienia (Tes. 5,16-18), mam nadzieję, że będziecie wydawać obfity owoc duchowy i cielesny.

Rozdział 2

Ofiary starotestamentowe opisane w Księdze Kapłańskiej

„Pan wezwał Mojżesza i tak powiedział do niego z Namiotu Spotkania: (2) Mów do Izraelitów i powiedz im: Jeśli kto z was zechce złożyć dar z bydląt dla Pana, niech złoży go albo z cielców, albo z mniejszego bydła".

Ks. Kapł. 1,1-2

1. Znaczenie Księgi Kapłańskiej

Często mówi się, że Apokalipsa w Nowym Testamencie i Ks. Kapłańska w Starym Testamencie są najtrudniejszymi do zrozumienia fragmentami Biblii. Z tego powodu, czytają Biblię, niektórzy ludzi pomijają te fragmenty, podczas gdy inni uważają, że prawa starotestamentowe już nie obowiązują. Jednakże, gdyby te fragmenty nie obowiązywały, nie byłoby powodu, dla którego Bóg umieściłby je w Biblii. Ponieważ każde słowo w Starym i Nowym Testamencie są potrzebne dla naszego życia w Chrystusie, Bóg sprawił, że znalazł się w Biblii (Ew. Mat. 5,17-19). Prawa dotyczące ofiar w czasach starotestamentowych nie mogą być lekceważone obecnie. Tak jak każde prawo, prawa dotyczące ofiar w Starym Testamencie zostały wypełnione przez Jezusa w Nowym Testamencie. Implikacje znaczenia prawa odnoszącego się do ofiar w Starym Testamencie są zakorzenione w każdym elemencie współczesnego uwielbienia w świątyni Bożej oraz ofiary w czasach starotestamentowych odnoszą się do naszego postępowania podczas nabożeństw uwielbieniowych w dzisiejszych czasach. Jeśli właściwe zrozumiemy prawa dotyczące ofiar ze Starego Testamentu oraz ich znaczenie, będziemy mogli otrzymać błogosławieństwa w postaci spotkania z Bogiem i doświadczenia Go dzięki odpowiedniemu zrozumieniu uwielbienia i służby dla Niego.

Ks. Kapłańska jest częścią Bożego Słowa, które ma zastosowanie dzisiaj dla ludzi, którzy w Niego wierzą. W 1 Piotra 2,5 czytamy: „Wy również, niby żywe kamienie, jesteście budowani jako duchowa świątynia, by stanowić święte kapłaństwo, dla składania duchowych ofiar, przyjemnych Bogu przez Jezusa Chrystusa", dlatego każdy kto przyjmuje zbawienie w Jezusie może przyjść do Boga tak, jak kapłani w Starym Testamencie.

Ks. Kapłańska jest podzielona na dwie części. Pierwsza część skupia się głównie na tym, w jaki sposób przebaczane są nasze grzechy. Składa się głównie z praw dotyczących składania ofiar, mających na celu otrzymanie przebaczenia za grzechy. Opisuje również kwalifikacje i odpowiedzialność kapłanów zajmujących się ofiarami przed Bogiem i przed ludźmi. Druga część szczegółowo opisuje grzechy, których lud wybrany, naród święty, nie może popełniać. Podsumowując, każdy człowiek wierzący musi dowiedzieć się, jaka jest wola Boża opisana w Ks. Kapłańskiej, które podkreśla, jak utrzymać świętą relację z Bogiem.

Prawa dotyczące składania ofiar zapisane w Ks. Kapłańskiej wyjaśniają metodologię uwielbienia. Tak, jak spotykamy się z Bogiem i otrzymujemy odpowiedzi na modlitwy oraz błogosławieństwa poprzez nabożeństwa uwielbieniowe, ludzie w Starym Testamencie otrzymywali przebaczenia grzechów i doświadczali mocy Boga dzięki ofiarom. Po wniebowstąpieniu Jezusa Chrystusa, Duch Święty zamieszkał między nami i umożliwił nam więź z Bogiem poprzez uwielbienie w duchu i w prawdzie, doświadczając dzieł Ducha Świętego.

W Hebr. 10,1 czytamy: „Prawo bowiem, posiadając tylko cień przyszłych dóbr, a nie sam obraz rzeczy, przez te same ofiary, corocznie ciągle składane, nie może nigdy udoskonalić tych, którzy się zbliżają". Jeśli istnieje kształt, to istnieje również cień tego kształtu. Dziś, „kształt" to fakt, że może uwielbiać Jezusa Chrystusa tak jak w czasach Starego Testamentu ludzi utrzymywali więź z Bogiem poprzez ofiary, co jest z kolei „cieniem".

Ofiary dla Boga muszę być składane zgodnie z Jego zasadami; Bóg nie przyjmuje uwielbienia od człowieka, który uwielbia zgodnie ze swoimi zasadami. W Ks. Rodzaju 4 czytamy o ofiarach składanych przez Abla, który postępował zgodnie z wolą Bożą oraz przez Kaina, którego ofiara była niezgodna z wolą Bożą i złożona tak, jak chciał Kain.

Tak samo, jest uwielbienie, które sprawia Bogu przyjemność oraz uwielbienie, które nie jest zgodne z Jego zasadami, dlatego nie ma dla Boga znaczenia. W Prawach dotyczących składania ofiar opisanych w Ks. Kapłańskiej znajdujemy praktyczne informacje o rodzaju uwielbienia, dzięki któremu możemy otrzymać odpowiedzi na modlitwy i błogosławieństwa – uwielbieniu, które jest radością dla Boga.

2. Bóg zawołał do Mojżesza z Namiotu Spotkania

W Ks. Kapłańskiej 1,1 czytamy: „Pan wezwał Mojżesza i tak powiedział do niego z Namiotu Spotkania...". Namiot Spotkania był przenośną świątynia, która ułatwiała przemieszczanie ludu izraelskiego mieszkającego na pustyni i tam właśnie Bóg przemówił do Mojżesza. Namiot Spotkania odnosi się do świątyni składającej się z Miejsca Świętego i Najświętszego (Ks. Wyj. 30,18; 30,20; 39,32 i 40,1). Może również odnosić się do samej świątyni oraz do całej świątyni wraz z przybytkiem (Ks. Liczb 4,31; 8,24).

Po wyjściu z Egiptu i później podczas ich podróży do Ziemi Obiecanej, lud izraelski spędził dużo czasu na pustyni i ciągle musiał się przemieszczać. Z tego powodu świątynia, w której składane były ofiary była przenośna, co umożliwiało jej składanie i przenoszenie. Dlatego nazywana jest również „świątynią tabernakulum".

W Ks. Wyjścia 35-39 znajdują się szczegóły konstrukcji świątyni. Bóg dał Mojżeszowi wytyczne, w jaki sposób świątynią powinna być zbudowana i z jakich materiałów. Kiedy Mojżesz powiedział narodowi o materiałach potrzebnych do budowy świątyni, przynosili to, co mieli: złoto, srebro, brąz, różne kamienie, niebieskie, fioletowe i szkarłatne materiały i delikatne tkaniny; przynosili sierść kóz, baranów i morświnów tak, że Mojżesz musiał powiedzieć im, by zaprzestali (Ks. Wyj. 36,5-7).

Świątynia została zbudowana z darów ofiarowanych przez zgromadzenie. Ponieważ Izraelici zdążali do Kanaanu po opuszczeniu Egiptu tak, jakby uciekali, koszty zbudowania świątynie na pewno nie były małe. Nie mieli domów ani ziemi. Nie byli w stanie zyskać bogactwa, zajmując się rolnictwem. Jednakże, oczekując na spełnienie się Bożej obietnicy, że zamieszka z nimi, lud izraelski poniósł koszty i wysiłek z przyjemnością i radością.

Ponieważ lud izraelski, który przez długi czas cierpiał z

powodu ciężkiej pracy i prześladowań w Egipcie, najbardziej tęsknili za wyzwoleniem z niewoli. Kiedy Bóg wyprowadził ich z Egiptu, nakazał im zbudować świątynię, aby mógł zamieszkać między nimi. Lud izraelski nie miał powodu, by opóźniać prace, dlatego świątynia została zbudowana z radosnym oddaniem Izraela, które stało się jej fundamentem.

Po wejściu do świątyni, człowiek znajdował się w Miejscu Świętym, a następnie przechodził do Miejsca Najświętszego, w którym znajdowała się Arka Przymierza (Skrzynia Świadectwa). Fakt, że Arka Przymierza, która zawierała Słowo Boże, znajdowała się w Miejscu Najświętszym służy jako przypomnienie Bożej obecności. Podczas gdy świątynia w całości była miejscem poświęconym jako dom Boży, Miejsce Najświętsze było specjalnie wydzielone i uznane za najświętsze ze wszystkich. Nawet najwyższy kapłan mógł wejść do Miejsca Najświętszego tylko raz w roku, aby złożyć ofiarę za grzechy ludu. Zwykłym ludziom nie można było tam wchodzić. Grzesznicy nie mogą przyjść przed oblicze Boga.

Jednak dzięki Jezusowi każdy z nas ma przywilej przyjścia do Boga. W Ew. Mat. 27,50-51 czytamy: „A Jezus raz jeszcze zawołał donośnym głosem i wyzionął ducha. A oto zasłona przybytku rozdarła się na dwoje z góry na dół; ziemia zadrżała i skały zaczęły pękać". Kiedy Jezus oddał samego siebie w ofierze na krzyżu, aby odkupić nasze grzechy, zasłona w świątyni między Miejscem Świętym i Najświętszym rozdarła się na dwie części. W Hebr. 10,19-20 czytamy: „Mamy więc, bracia, pewność, iż wejdziemy do Miejsca Świętego przez krew Jezusa. On nam zapoczątkował drogę nową i żywą, przez zasłonę, to jest przez ciało swoje". Zasłona rozdarła się, ponieważ Jezus poświęcił swoje ciało na śmierć, co oznacza, że mur grzechu między Bogiem a nami został zwalony. Każdy, kto wierzy w Jezusa może otrzymać przebaczenie grzechu i wejść na ścieżkę prowadzącą do Świętego Boga. Kiedyś tylko kapłani mogli stawać przed Bogiem – teraz, każdy z nas może mieć bezpośrednią i intymną relację z Bogiem.

3. Duchowe Znaczenie Namiotu Spotkania

Jakie znaczenie ma dla nas dzisiaj Namiot Spotkania? Namiot Spotkania jest kościołem, w którym wierzący uwielbiają Boga, świątynia jest zgromadzeniem wierzących, którzy przyjęli Pana, a Miejscem Najświętszym jest nasze serce, w którym mieszka Duch Święty. 1 Kor. 6,19 przypomina nam: „Czyż nie wiecie, że ciało wasze jest świątynią Ducha Świętego, który w was jest, a którego macie od Boga, i że już nie należycie do samych siebie?". Kiedy przyjmujemy Jezusa jako Zbawiciela, otrzymujemy Ducha Świętego jako dar od Boga. Ponieważ Duch Święty mieszka w nas, nasze serce i ciało są świątynią.

W 1 Kor. 3,16-17 czytamy również: „Czyż nie wiecie, żeście świątynią Boga i że Duch Boży mieszka w was? Jeżeli ktoś zniszczy świątynię Boga, tego zniszczy Bóg. Świątynia Boga jest świętą, a wy nią jesteście". Tak, jak powinniśmy w czystości utrzymać świątynię Bożą, tak nasze ciało i serce muszę być utrzymane w czystości i świętości, ponieważ mieszka w nich

Duch Święty. Czytamy, że Bóg zniszczy każdego, kto niszczy świątynię Boga. Jeśli człowiek jest dzieckiem Bożym i przyjął Ducha Świętego, jednak nadal niszczy samego siebie, Duch Święty zostanie mu odebrany i nie będzie miał możliwości zbawienia. Tylko jeśli utrzymujemy w świętości świątynię, w której mieszka Duch Święty, możemy osiągnąć zbawienie i mieć bezpośrednią i intymną relację z Bogiem.

Dlatego, fakt, że Bóg zawołał do Mojżesza z Namiotu Spotkania oznacza, że Duch Święty woła do nas i pragnie nawiązać z nami więź. To naturalne, by dzieci Boże, które otrzymały zbawienie miały więź z Bogiem Ojcem. Muszą modlić się w imieniu Ducha Świętego oraz uwielbiać w duchu i w prawdzie, utrzymując intymną więź z Bogiem.

Lud w Starym Testamencie nie potrafił mieć więzi ze Świętym Bogiem z powodu swoich grzechów. Tylko najwyższy kapłan mógł wejść do Miejsca Najświętszego w świątyni i złożyć ofiarę w imieniu ludu. Dzisiaj dziecko Boże może wejść do świątyni, by uwielbiać Boga, modlić się i mieć więź z Bogiem, ponieważ Jezus odkupił nas od grzechu.

Kiedy przyjmujemy Jezusa, Duch Święty mieszka w naszym sercu, które jest Miejscem Najświętszym. Co więcej, tak jak Bóg zawołał do Mojżesza z Namiotu Spotkania, Duch Święty woła do nas z głębi naszego serca i pragnie mieć z nami więź. Umożliwiając nam usłyszenie swojego głosu i otrzymanie Jego wskazówek, Duch Świętych prowadzi nas ku życiu w prawdzie i zrozumieniu Boga. Aby usłyszeć głos Ducha Świętego, musimy odrzucić grzech i zło z naszego serca i stać się uświęconymi. Kiedy osiągniemy uświęcenie, będziemy w stanie usłyszeć głos Ducha Świętego czysto oraz otrzymać obfitość błogosławieństw w duchu i w prawdzie.

4. Kształt Namiotu Spotkania

Kształt Namiotu Spotkania jest bardzo prosty. Człowiek musi przejść przez bramę, której szerokość wynosi ok. 9 m we wschodniej części świątyni. Po wejściu do przybytku, najpierw natkniemy się na Ołtarz Całopalny wykonany z brązu. Między ołtarzem i Świątynią znajduje się umywalnia, a za nią jest już Miejsce Święte i Najświętsza, które stanowi główną część Namiotu Spotkania.

Wymiary przybytku składającego się z Miejsca Świętego i Najświętszego to 4,5 m szerokości, 13,5 m długości i 4,5 m wysokości. Budynek stoi na fundamencie ze srebra, a jego ściany składają się ze słupów z drewna akacjowego pokrytych złotem, a jego dach jest pokryty czterema warstwami zasłon. Cherubiny utkany są na pierwszej warstwie; druga warstwa jest zrobiona z sierści kóz; trzecia – ze skór baranów, a czwarte ze skór morświnów.

Miejsce Święte i Najświętsze są oddzielone zasłoną, na której wyszyte są cherubiny. Rozmiar Miejsca Świętego to dwukrotny rozmiar Miejsca Świętego. W Miejscu Świętym znajduje się Stół na Chleby Pokładne, świecznik oraz Ołtarz Kadzenia. Wszystkie elementy są wykonane ze złota. W Miejscu Najświętszym

Namiot Spotkania

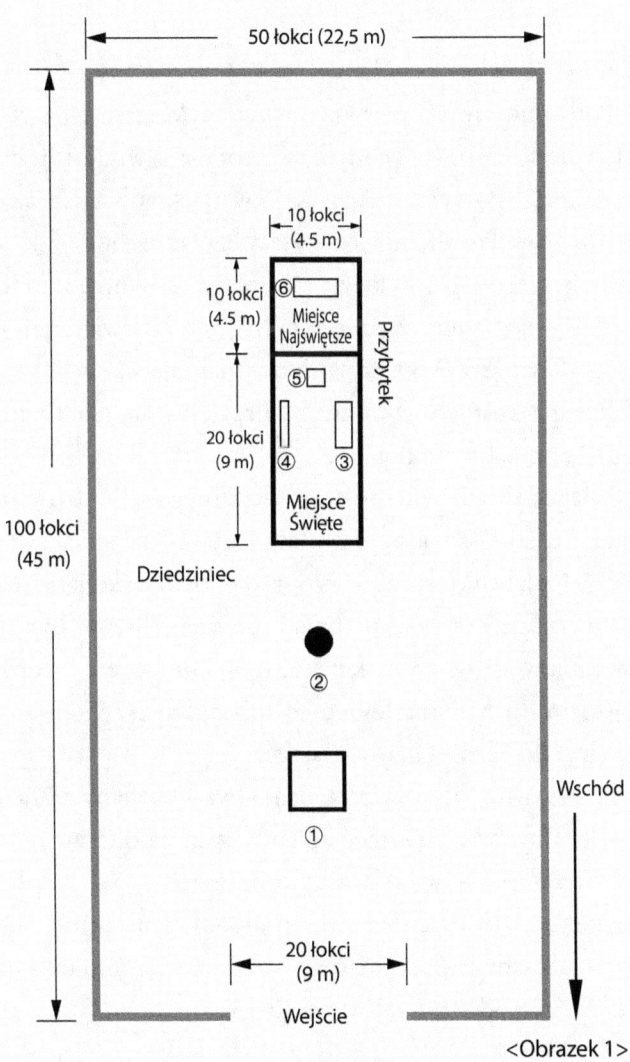

<Obrazek 1>

Rozmiary
Dziedziniec: 100 x 50 x 5 łokci
Wejście: 20 x 5 łokci
Świątynia: 30 x 10 x 10 łokci
Miejsce Święte: 20 x 10 x 10 łokci
Miejsce Najświętsze: 10 x 10 x 10 łokci
(* 1 łokieć = ok. 45 cm)

Przedmioty
1) Ołtarz całopalenia
2) Umywalnia
3) Stół z Chlebami Pokładnymi
4) Świecznik z czystego złota
5) Ołtarz kadzenia
6) Arka Przymierza (Arka Świadectwa)

znajduje się Arka Przymierza.

Podsumujmy. Po pierwsze, wnętrze Miejsca Najświętszego było miejscem poświęconym, w którym mieszkał Bóg i Arka Przymierza, powyżej której znajdowała się ubłagalnia. Raz w roku w Dniu Pojednania, najwyższy kapłan wchodził do Miejsca Najświętszego i kropił krwią po ubłagalni w imieniu ludu, aby uzyskać pojednanie. Wszystko w Miejscu Najświętszym było ze złota. Wewnątrz Arki Przymierza znajdują się dwie kamienne tablice, na których wypisane są Przykazania, słoik z manną i laska Aarona, która zakwitła.

Miejsce Święte było miejscem, do którego wchodził kapłan, by składać ofiary i znajdował się tam Ołtarz Kadzenia, świecznik, Stół na Chleby Pokładne – wszystko to było wykonane ze złota.

Po trzecie, umywalnia była zrobiona z brązu. Umywalnia zawierała wodę, w której kapłani mogli umyć ręce i stopy przed wejściem do Miejsca Świętego lub najwyższy kapłan przed wejściem do Miejsca Najświętszego.

Po czwarte, Ołtarz Całopalenia był wykonany z brązu i był na tyle silny, by wytrzymać ogień. Ogień na ołtarzu „pochodzi od Pana", kiedy świątynia było rozłożona (Ks. Kapł. 9,24). Bóg nakazał, by ogień na ołtarzu płonął nieustannie, nigdy nie gasnął, a każdego dnia ofiarowywane były na nim dwa baranki (Ks. Wyj. 20,38-43; Ks. Kapł. 6,12-13).

5. Duchowe Znaczenie Ofiar z Bydła i Baranków

W Ks. Kapł. 1,2 Bóg powiedział do Mojżesza: „Mów do

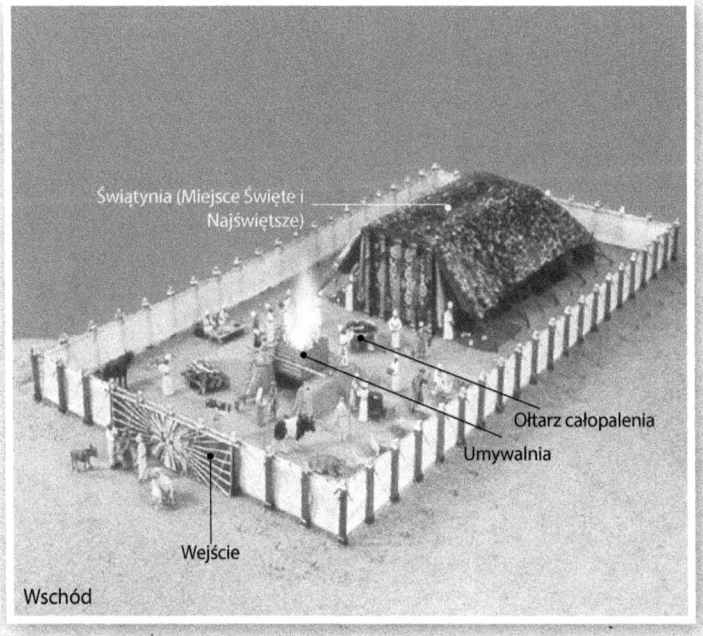

<Obrazek 2>

Panoramiczny widok na Namiot Spotkania

Na dziedzińcu znajdowały się ołtarz całopalenia (Ks. Wyj. 30,28), umywalnia (Ks. Wyj. 30,18) oraz świątynia (Ks. Wyj. 26,1; 36,8), a nad dziedzińcem powieszono delikatne splecione płótno. Do świątyni było tylko jedno wejście od strony wschodniej (Ks. Wyj. 27,13-16), które symbolizuje Jezusa Chrystusa, jedyną drogę do zbawienia.

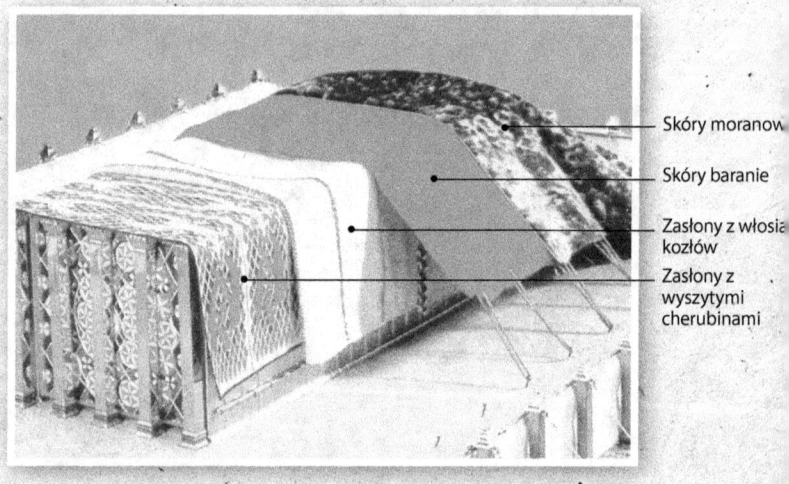

<Obrazek 3>

Nakrycia przybytku

Na przybytku nałożone były cztery warstwy nakryć.
Na dole znajdowały się zasłony z wyszytymi cherubinami; na nich znajdowały się zasłony z włosia kozłów, następnie skóry badanie i skóry moranowe. Nakrycia na obrazku 3 są zaprezentowane tak, aby było widać każdą warstwę. Po zdjęciu nakryć, można było zobaczyć zasłony świątynne z przodu świątyni, a z tyłu ołtarz kadzenia i zasłony Miejsca Najświętszego.

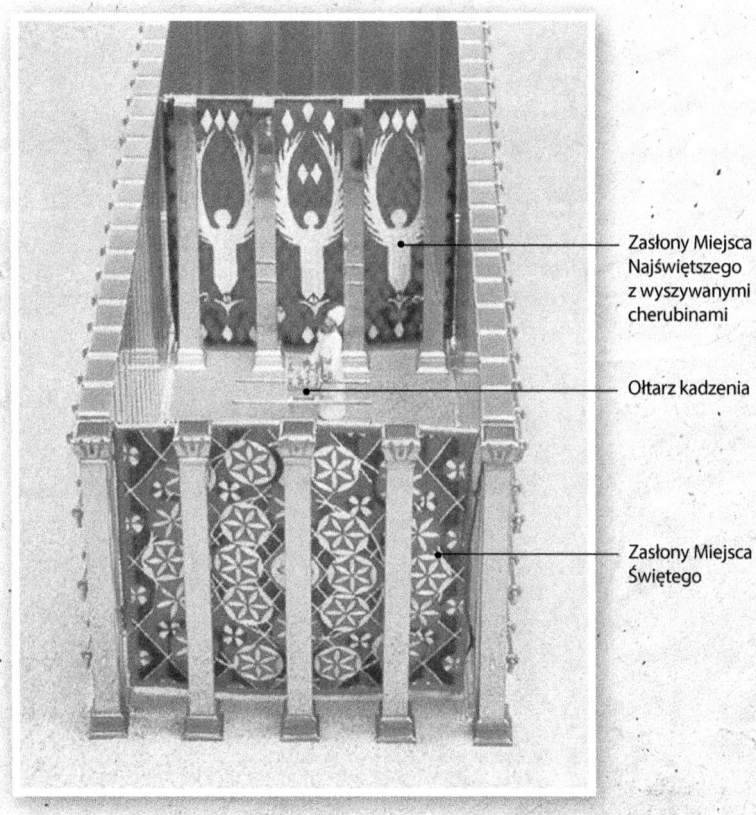

Zasłony Miejsca Najświętszego z wyszywanymi cherubinami

Ołtarz kadzenia

Zasłony Miejsca Świętego

<Obrazek 4>

Świątynia bez nakryć

Z przodu znajdują się zasłony Miejsca Świętego, a za nimi widoczny jest ołtarz kadzenia i zasłony Miejsca Najświętszego.

Obrazek

<Obrazek 5>

Wnętrze Świątyni

W środku Miejsca Świętego znajduje się świecznik z czystego złota (Ks. Wyj. 25,31), stół z chlebami pokładnymi (Ks. Wyj. 25,30), a z tyłu ołtarz kadzenia (Ks. Wyj. 30,27).

Ołtarz kadzenia

Stół z Chlebami Pokładnymi

Świecznik

Obrazek

<Obrazek 9>

W Miejscu Najświętszym

Tylna ściana Miejsca Świętego została usunięta, by można było zobaczyć wnętrze Miejsca Najświętszego. Widać tam Arkę Przymierza, ubłagalnię i zasłony Miejsca Najświętszego z tyłu. Raz w roku najwyższy kapłan ubierał białe szaty i wchodził do Miejsca Najświętszego i kropił krwią ofiary za grzechy.

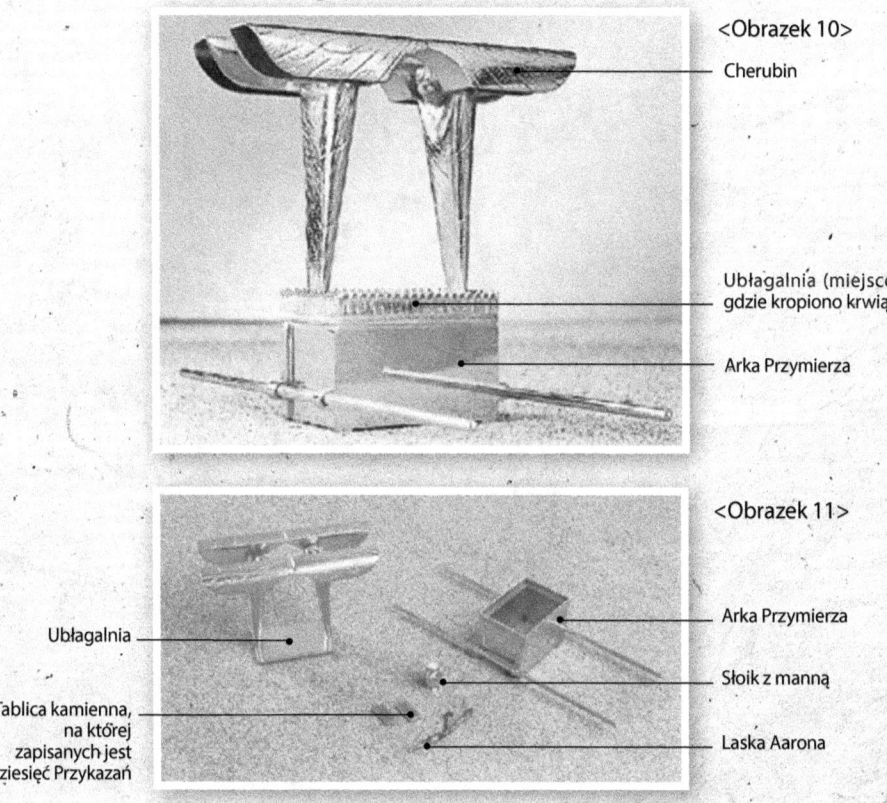

Skrzynia Przymierza i Ubłagalnia

W Miejscu Najświętszym znajduje się Arka Przymierza z czystego złota, a nad nią ubłagalnia. Ubłagalnia odnosi się do nakryć Arki Przymierza (Ks. Wyj. 25,17-22) oraz krwi kropionej raz w roku. Na obu końcach ubłagalni znajdują się cherubiny, których skrzydła zakrywają ubłagalnię (Ks. Wyj. 25,18-20). Wewnątrz Arki Przymierza znajdują się tablice kamienne, na których wypisane są Przykazania Boże, słoik z manną i laska Aarona, która zakwitła.

Obrazek

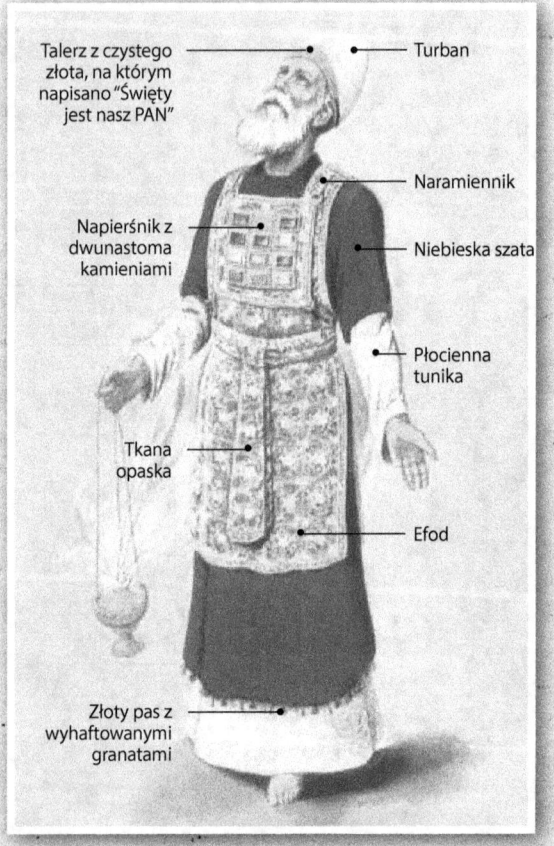

<Obrazek 12>

Szaty najwyższego kapłana

Najwyższy kapłan opiekował się świątynią i składanymi ofiarami. Raz w roku mógł wejść do Miejsca Najświętszego, by złożyć ofiarę Bogu. Każdy, kto pełnił funkcję Najwyższego Kapłana posiadał Urim i Tumin. Te dwa kamienie, które były używane, by poznać wolę Bożą, znajdowały się na napierśniku u góry efodu, który nosił kapłan. Urim oznacza światłość, a Tumim - doskonałość.

Izraelitów i powiedz im: Jeśli kto z was zechce złożyć dar z bydląt dla Pana, niech złoży go albo z cielców, albo z mniejszego bydła". Podczas nabożeństw uwielbieniowych Boże dzieci składają Mu ofiary. Oprócz dziesięciny, składane są ofiary dziękczynne, w postaci budowli i ofiary, aby odczuć ulgę. Jednak, Bóg nakazał, aby jeśli ktoś chce przynieść Mu ofiarę, aby było to zwierzę z stada. Ponieważ ten werset ma duchowe znaczenie, musimy robić nie tylko to, co ten tekst nakazuje, ale również musimy zrozumieć duchowe znaczenie i postępować zgodnie z wolą Boga.

Jakie duchowe znaczenie mają ofiary ze zwierząt ze stada? Oznacza to, że musimy uwielbiać Boga w duchu i w prawdzie oraz ofiarować samych siebie jako ofiarę żywą i świętą. To duchowe nabożeństwo uwielbieniowe (Rzym. 12,1). Musimy być czujni w modlitwie i prowadzić się w odpowiedni sposób przed Bogiem nie tylko w czasie nabożeństw, ale również w naszym codziennym życiu. Wtedy nasze uwielbienie i dary będą dla Boga ofiarą żywą i świętą, którą Bóg uważa za duchowe nabożeństwo uwielbieniowe.

Dlaczego Bóg nakazał Izraelowi składać bydło i barany spośród innych zwierząt? Bydło i barany najodpowiedniej reprezentowały Jezusa, który stał się ofiarą przebłagalną za zbawienie grzechów ludzkości. Przyjrzyjmy się podobieństwo między 'bydłem' i Jezusem.

1) Bydło niosło ludzki ciężar.

Tak, jak bydło nosi ludzkie ciężary, tak Jezus poniósł nasz

ciężar grzechu. W Ew. Mateusza 11,28 czytamy: „Przyjdźcie do Mnie wszyscy, którzy utrudzeni i obciążeni jesteście, a Ja was pokrzepię". Ludzie szukają i starają się osiągnąć bogactwo, honor, wiedzę, sławę, prestiż i władzę oraz wszystko inne, czego pragną. Oprócz wszystkich ciężarów, jakie człowiek niesie, ciąży na nim również grzech. Człowiek żyje, znosząc trudy, doświadczenia i cierpienia.

Jezus wziął na siebie ciężary życia, stając się ofiarą, przelewając swoją krew odkupienia i będą ukrzyżowanym na drewnianym krzyżu. Dzięki wierze w Pana, człowiek może zrzucić swój ciężar cierpienia i grzechu i cieszyć się pokojem i odpoczynkiem.

2) Bydło nie jest dla człowieka kłopotem, a korzyścią.

Bydło nie tylko posłusznie pracuje dla człowieka, ale również daje mleko, mięso i odzienie. Od głowy do kopyta, żadna część ciała bydła nie jest nieużyteczna. Jezus również stał się korzyścią dla człowieka. Głosząc ewangelię o niebie chorym, biednym i porzuconym, dał im komfort i nadzieję, poluzował kajdany zła i uzdrowił choroby i dolegliwości. Nawet jeśli nie mógł spać lub jeść, Jezus starał się nauczać Bożego Słowa każdej duszy, która stanęła na Jego drodze. Oferując swoje życie i umierając na krzyżu, Jezus otworzył drzwi zbawienia dla grzeszników skazanych na piekło.

3) Bydło jest dla człowieka pożywieniem, dzięki mięsu.

Jezus oddał swoje ciało i krew, aby człowiek miał chleb życia. W Ew. Jana 6,53-54 czytamy: „Rzekł do nich Jezus: Zaprawdę,

zaprawdę, powiadam wam: Jeżeli nie będziecie spożywali Ciała Syna Człowieczego i nie będziecie pili Krwi Jego, nie będziecie mieli życia w sobie. Kto spożywa moje Ciało i pije moją Krew, ma życie wieczne, a Ja go wskrzeszę w dniu ostatecznym". Jezus jest Słowem Bożym, które przyszło na ten świat w ciele. Dlatego, spożywając ciało Jezusa i pijąc Jego krew, spożywamy Słowo Boże i żyjemy zgodnie z nim. Tak, jak człowiek żyje dzięki jedzeniu i piciu, tak możemy zyskać życie wieczne i wejść do nieba, spożywając chleb Słowa Bożego.

4) Bydło orze ziemię i sprawia, że jest żyzna.
Jezus pielęgnuję ziemię serca ludzkiego. W Ew. Mateusza 13 czytamy przypowieść, która porównuje serce ludzkie do czterech rodzajów ziemi: droga, skaliste pole, pole cierniste i dobra gleba. Ponieważ Jezus odkupił nas od grzechu, Duch Święty zamieszkuje w naszych sercach i daje nam siłę. Nasze serca mogą zostać przemienione w dobrą glebę dzięki Duchowi Świętemu. Jeśli ufamy krwi Jezusa, który umożliwił przebaczenie naszych grzechów, i okazujemy posłuszeństwo, nasze serc staną się żyzną, bogatą i dobrą glebą, i będziemy mogli przyjmować błogosławieństwa duchowe i cielesne, gromadząc zbiór trzydziesto-, sześćdziesięcio- i stukrotny.

Jakie są podobieństwa między barankiem i Jezusem?

1) Baranek jest łagodny
Mówiąc o łagodnych lub delikatnych ludziach, porównujemy

ich do baranków. Jezus był najdelikatniejszym z ludzi. W Izajaszu 42,3 czytamy o Jezusie: „Nie złamie trzciny nadłamanej, nie zagasi knotka o nikłym płomyku". Jezus okazuje cierpliwość złoczyńcom, zboczeńcom, a nawet tym, którzy wyznali swoje grzechy, a jednak nadal grzeszą. On czeka, by zwrócili ze swoich złych dróg. Jezus jest Synem Boga Stworzyciela i ma władzę, by zniszczyć rodzaj ludzki, a jednak pozostaje cierpliwy i okazuje swoją miłość nawet tym, którzy Go ukrzyżowali.

2) Baranek jest posłuszny

Baranek podąża za głosem swojego pasterza i pozostaje spokojny nawet, kiedy jest strzyżony. W 2 Kor. 1,19 czytamy: „Syn Boży, Chrystus Jezus, Ten, którego głosiłem wam ja i Sylwan, i Tymoteusz, nie był tak i nie, lecz dokonało się w Nim tak". Jezus nie upierał się przy swoim, ale pozostał posłuszny Bogu aż do śmierci. W swoim życiu, Jezus szedł tylko tam, gdzie prowadził Go Bóg, i robił tylko to, czego oczekiwał od Niego Bóg. Na końcu, mimo, że wiedział, co Go czeka, okazał posłuszeństwo, aby wypełnić wolę Ojca.

3) Baranek jest czysty

Tutaj, baranek jest jednorocznym barankiem (Ks. Wyj. 12,5). Baranek w takim wieku może być porównany do uroczej i czystej młodej osoby – lub nieskazitelnego Jezusa. Baranki dają futro, mięso i mleko; nigdy nie krzywdzą ludzi, a są dla nich korzyścią. Jak wspomnieliśmy wcześniej, Jezus złożyć w ofierze swoje ciało i krew – oddał za nas całego Siebie. W pełnym posłuszeństwie

Ojcu, Jezus wypełnił wolę Bożą i zniszczył mur grzechu między Bogiem a ludźmi. Nawet dziś, nadal pielęgnuje nasze serca, aby stały się czystą i żyzną glebą.

Człowiek został odkupiony z grzechu dzięki bydłu i barankom w czasach starotestamentowych. Jezus ofiarował samego siebie w ofierze na krzyżu i dokonał wiecznego odkupienia dzięki swojej krwi (Hebr. 9,12). Wierząc w to, musimy doskonale rozumieć, jak Jezus stał się ofiarą, która mogła zostać przyjęta przez Boga, abyśmy mogli okazać wdzięczność za miłość i łaskę Chrystusa, i otrzymać życie.

Rozdział 3

Ofiara Całopalna

„Wnętrzności i nogi zwierzęcia będą obmyte wodą. Kapłan zamieni to wszystko w dym na ołtarzu. To jest całopalenie, ofiara spalana, miła woń dla Pana".

Ks. Kapł. 1,9

1. Znaczenie Ofiary całopalnej

Ofiara całopalna, pierwsza ze wszystkich ofiar opisanych w Księdze Kapłańskiej, jest najstarszą ze wszystkich ofiar. Etymologia wyrażenia „ofiara całopalna" to „niech się unosi". Ofiara całopalna jest ofiarą składaną na ołtarzu i zostaje w pełni pochłonięta przez ogień. Symbolizuje poświęcenie człowieka, jego oddanie i służbę. Sprawianie przyjemności Bogu zapachem ofiar całopalnych ze zwierząt składanych w ofierze to najczęstsza metoda składania ofiar, która jest znakiem tego, że Jezus poniósł nasze grzechy i złożył samego siebie w całkowitej ofierze, stając się ofiarą przed Bogiem (Efez. 5,2).

Sprawianie przyjemności Bogu zapachem nie oznacza, że Bóg czuje zapach spalanych zwierząt. Chodzi o to, że przyjmuje zapach serca osoby składającej ofiarę. Bóg bada, w jaki stopniu człowiek boi się Boga i z jaką miłością człowiek składa Bogu ofiarę. Wtedy przyjmuje oddanie i miłość człowieka.

Zabicie zwierzęcia, aby złożyć Bogu ofiarę całopalną oznacza oddanie Bogu swojego życia i posłuszeństwo Jego przykazaniom. Innymi słowy, duchowe znaczenie ofiary całopalnej to życie w pełni zgodne ze Słowem Bożym i oddanie Bogu każdego aspektu swojego życia w sposób czysty i święty.

W dzisiejszych czasach jest to wyrażeniem obietnicy, że oddajemy życie Bogu zgodnie z Jego wolą, uczestnicząc w nabożeństwach Wielkanocnych, na Święto Zbiorów, Święto Dziękczynienia, Święta Bożego narodzenia i w każdą niedzielę. Uwielbienie Boga w każdą niedzielę i zachowywanie niedzieli jako dnia świętego jest dowodem na to, że dzieci Boże i ich duch rzeczywiście należą do Boga.

2. Ofiara całopalna

Bóg nakazał, aby w ofierze całopalnej składane były samce bez skazy, co jest symbolem doskonałości. Bóg chciał, aby w ofierze składane były samce, ponieważ ogólnie są wierniejsze zasadom bardziej niż samice. Nie błąkają się tam i z powrotem, nie są cwane ani nie chwieją się. Ponadto, fakt, że Bóg pragnie, by ofiary były bez skazy oznacza, że osoba, która uwielbia Go w duchu i w prawdzie, nie może uwielbiać Go ze złamanym duchem.

Kiedy dajemy prezenty rodzicom, chętnie przyjmują je, jeśli dajemy je z miłością i z troską. Jeśli dajemy niechętnie, nasi rodzice nie przyjmują ich z radością. Tak samo, Bóg nie przyjmuje uwielbienia oferowanego Mu bez radości lub w zmęczeniu, senności lub lenistwie. On przyjmuje z radością uwielbienie, jeśli wypływa z głębi serca wypełnionego nadzieją, wdzięcznością za łaskę zbawienia i miłością naszego Pana. Tylko wtedy Bóg daje nam możliwość ucieczki przed pokusą i trudnościami i pozwala nam prowadzić życie w obfitości.

Młode bydło, które miało być składane w ofierze zgodnie z nakazem Bożym zawartym w Ks. Kapł. 1,5 odnosi się do czystości i integralności Jezusa Chrystusa. Dlatego, w tekście tym zawarte jest Boże pragnienie, abyśmy przyszli do Niego z czystym i szczerym sercem dziecka. On nie chce, żebyśmy zachowywali się dziecinnie lub niedojrzale, ale pragnie, by nasze serce było jak serce dziecka – proste, posłuszne i skromne.

Młody cielec nie ma jeszcze rogów, dlatego nie bodzie ani nie ma w sobie zła. Tak samo Jezus jest delikatny, skromny i łagodny jak dziecko. Ponieważ Jezus jest nieskazitelnym i doskonałym Synem Bożym, ofiara z Nim związana musi być nieskazitelna i doskonałą.

W Ks. Malachiasza 1,6-8 czytamy, że Bóg napomina lud izraelski, który składał Mu złe i niedoskonałe ofiary:

„Syn powinien czcić ojca, a sługa swego pana. Lecz skoro Ja jestem Ojcem, gdzież jest cześć moja, a skoro Ja jestem Panem, gdzież szacunek dla Mnie? [To] mówi Pan Zastępów do was, o kapłani: Lekceważycie imię moje, a jednak pytacie: Czym to okazaliśmy lekceważenie Twemu imieniu? Oto przynosicie na mój ołtarz potrawy skażone, a pytacie: Czym go skaziliśmy? Tym, że [przynosząc je, niejako] powiadacie: Oto stół Pański jest w pogardzie. Gdy bowiem przynosicie ślepe [zwierzę] na ofiarę, czyż nie jest to rzeczą złą? Albo gdy przynosicie chrome i chore, czyż to nic złego? Ofiarujże to twemu namiestnikowi! - czy będzie mu miłe i czy życzliwie cię przyjmie? - mówi Pan Zastępów".

Musimy składać Bogu nieskazitelne i doskonałe ofiary, uwielbiając go w duchu i w prawdzie.

3. Znaczenie różnych rodzajów ofiar

Bóg sprawiedliwości i miłosierdzia patrzy na serce człowieka. Dlatego, nie jest zainteresowany rozmiarem, wartością lub kosztem ofiary, ale troską i wiarą, z jakimi człowiek przychodzi do Niego w zależności od okoliczności. W 2 Kor. 9,7 czytamy: „Każdy niech przeto postąpi tak, jak mu nakazuje jego własne serce, nie żałując i nie czując się przymuszonym, albowiem radosnego dawcę miłuje Bóg". Bóg chętnie przyjmuje ofiary składane z radością w zależności od okoliczności.

W Ks. Kapłańskiej 1, Bóg wyjaśnia szczegółowo, jakie cielęta, baranki, kozy i ptaki mają być składane w ofierze. Najodpowiedniejszą ofiarą całopalną były młode cielce, jednak nie wszystkich było na nie stać. Dlatego Bóg w swojej łasce i miłosierdziu pozwolił, by ludzie składali baranki, kozy lub gołąbki w zależności od okoliczności i warunków. Jakie jest duchowe znaczenie takich ofiar?

1) Bóg przyjmuje ofiary składane zgodnie z możliwościami.

Możliwości finansowe i okoliczności są różne; niewielka kwota dla jednych może być dużą kwotą dla drugich. Dlatego, Bóg przyjmuje również baranki, kozy i gołąbki składane w ofierze według możliwości danej osoby. To właśnie Boża miłości i sprawiedliwość, które umożliwiają każdemu – bogatemu i biednemu – złożenie ofiary Bogu w zależności od możliwości.

Bóg nie przyjmie z przyjemnością kozy złożonej przez kogoś, kogo stać na cielca. Jednakże, Bóg z przyjemnością przyjmie i zaspokoi pragnienia serca osoby, która złożyła w ofierze cielca, kiedy tak naprawdę było ją stać tylko na baranka. Czy to cielec, baranek, koza czy gołąbek, Bóg mówi, że ofiara jest dla Niego miłą wonią (Ks. Kapł. 1,9.13.17). Oznacza to, że mimo że jest różnica, jeśli chodzi o poziom składanych ofiar, jeśli składamy je Bogu z głębi serca, dla Boga, który patrzy na ludzkie serce nie ma różnicy, ponieważ chodzi o miłą woń. W Ew. Marka 12,41-44 czytamy o tym, jak Jezus pochwalił biedną wdowę, która złożyła ofiarę. Dwie drobne miedziane monety były najdrobniejszymi dostępnymi monetami w tamtym czasie, ale były wszystkim, co miała. Bez względu na to, jaka jest składana przez nas ofiara, jeśli oddajemy Bogu to, co mamy najlepszego, jest to ofiara miła Bogu.

2) Bóg przyjmuje uwielbienie według intelektu człowieka.

Kiedy słuchamy Słowa Bożego, zrozumienie i otrzymana łaska różnią się w zależności od intelektu, wykształcenia i wiedzy. Nawet podczas tego samego nabożeństwa uwielbieniowego, dla ludzi, którzy są bardziej błyskotliwi i mają wyższe wykształcenie, umiejętność pojmowania i zapamiętywania Słowa Bożego jest inna niż w przypadku osób, które są mniej inteligentne i mniej czasu poświęciły nauce. Bóg to wszystko wie, dlatego chce, być każda osoba oddawała Mu cześć na swoim poziomie intelektualnym z głębi serca, rozumiejąc i żyjąc zgodnie ze Słowem Bożym.

3) Bóg przyjmuje uwielbienie według wieku i bystrość umysłu.

Z wiekiem pamięć i zrozumienie słabną. Dlatego wielu

starszych ludzi nie jest w stanie zrozumieć ani zapamiętać Słowa Bożego. Kiedy takie osoby poświęcają się oddawaniu chwały Bogu z całego serca, Bóg zna okoliczności ich życia i chętnie przyjmuje ich uwielbienie. Pamiętajcie, że kiedy człowiek oddaje chwałę Bogu pod natchnieniem Ducha Świętego, Boża moc będzie z nim nawet jeśli brakuje mu mądrości lub wiedzy, lub jeśli jest w starszym wieku. Dzięki działaniu Ducha Świętego, Bóg pomaga człowiekowi zrozumieć Słowo Boże i żyć zgodnie z Nim. Więc nie poddawajmy się, mówiąc, że czegoś nam brakuje, lub że próbowaliśmy, ale nam nie wychodzi. Zamiast tego podejmujmy wysiłki z głębi serca, poszukując Bożej mocy. Nasz Bóg miłości z przyjemności przyjmuje ofiary składane przez ludzi w szczerości serca i w zależności od sytuacji życiowej i warunków. Z tego powodu tak szczegółowo opisał w Ks. Kapłańskiej ofiary i ogłosił swoją sprawiedliwość.

4. Składanie cielców (Ks. Kapł. 1,3-9)

1) Młode cielce bez skazy u wejścia do Namiotu Spotkania
Przybytek składa się z Miejsca Świętego i Najświętszego. Tylko kapłan mógł wejść do Miejsca Świętego, a najwyższy kapłan do Miejsca Najświętszego raz w roku. Dlatego zwykli ludzi, którzy nie mogli wejść do Miejsca Świętego składali ofiary całopalne w postaci młodych cielców u wejście do Namiotu Spotkania.
Jednakże, ponieważ Jezus zburzył mur grzechu między

Bogiem a nami, możemy mieć teraz bezpośrednią więź z Bogiem. Ludzie w czasach starotestamentowych składali ofiary u wejście do Namiotu Spotkania. Jednakże ponieważ Duch Święty uczynił nasze serca świątynią, zamieszkał w nas i ma z nami więź, my, którzy żyjemy w czasach nowotestamentowych możemy mieć prawo, by przyjść do Boga w Miejscu Najświętszym.

2) Położenie ręki na głowie Ofiary Całopalnej, aby przenieść grzech i zabicie ofiary

W Ks. Kapł. 1,4 czytamy: "Położy rękę na głowie żertwy, aby była przyjęta jako przebłaganie za niego. Potem zabije młodego cielca przed Panem". Położenie ręki na głowie ofiary całopalnej symbolizowało przeniesienie grzechów na ofiarę. Wtedy Bóg mógł przebaczyć grzechy dzięki krwi ofiary całopalnej.

Położenie ręki na zwierzęciu, oprócz przeniesienia grzechu, oznacza również błogosławieństwa oraz skruchę. Wiemy, że Jezus kładł rękę na głowie, błogosławiąc dzieci i uzdrawiając chorych. Kładąc rękę, apostołowie przekazywali Ducha Świętego ludziom, a ich dary stawały się bardziej obfite. Również, położenie ręki oznacza, że coś zostało przekazane Bogu. Kiedy pastor kładzie ręce różnych darach, oznacza to, że są one przekazane Bogu.

Błogosławieństwa na koniec nabożeństwa uwielbieniowych lub na koniec nabożeństw lub spotkań modlitewnych z modlitwą Pańską mają sprawiać Bogu przyjemność. W Ks. Kapł. 9,22-24 napisano, że najwyższy kapłan Aaron pobłogosławił lud po tym, jak przedstawił grzechy Bogu i złożył ofiarę całopalną zgodnie z poleceniem Bożym. Jeśli zachowujemy dzień święty i kończymy nabożeństwa błogosławieństwami, Bóg chroni nas przed szatanem i diabłem, oraz przed pokusami i trudnościami, dając nam swoje błogosławieństwa.

Co to oznacza dla człowieka, jeśli zabija młodego cielca bez skazy jako ofiarę całopalną? Ponieważ karą za grzech jest śmierć, człowiek musiał pozbawić zwierzę życia. Młody cielec jest piękny jak małe niewinne dziecko. Bóg chciał, aby każdy człowiek składający ofiarę całopalną, składał ją z serca i więcej nie grzeszył. Chciał, aby każdy żałował za swój grzech i oczyścił swoje serce.

Apostoł Paweł był świadomy tego, czego pragnął Bóg i dlatego, nawet kiedy otrzymał przebaczenie swoich grzechów oraz moc i władzę jako dziecko Boże, „umierał każdego dnia". W 1 Kor. 15,31 wyznał: „Zapewniam was, przez chlubę, jaką mam z was w Jezusie Chrystusie, Panu naszym, że każdego dnia umieram", ponieważ możemy składać nasze ciała w ofierze świętej i żywej miłej Bogu, odrzucając wszystko, co jest sprzeczne z Bogiem, jak serce pełne fałszu, arogancji, zawiści, własne myśli, własną sprawiedliwość i wszystko, co jest złe.

3) Kapłan kropi krwią po ołtarzu

Po zabiciu młodego cielca, na którego przeniesione zostały grzechy człowieka, kapłan kropił krwią wokół ołtarza u wejścia do Namiotu Spotkania. W Ks. Kapł. 17,11 czytamy: "Bo życie ciała jest we krwi, a Ja dopuściłem ją dla was [tylko] na ołtarzu, aby dokonywała przebłagania za wasze życie, ponieważ krew jest przebłaganiem za życie". Krew symbolizuje życie. Z tego samego powodu, Jezus przelał swoją krew, aby odkupić nasze grzechy.

„Wokół ołtarza" oznacza, że na zachód, wschód, na północ i na południe, lun po prostu wszędzie, gdzie udaje się człowiek. Kropienie krwią wokół ołtarza oznacza, że ludzkie grzechy zostają przebaczone bez względu, gdzie człowiek się udaje. Oznacza to, że możemy otrzymać przebaczenie grzechów popełnionych w różny sposób i otrzymać wskazówki od Boga dotyczącego tego, gdzie chciałby, abyśmy się udali oraz tego, czego powinniśmy unikać.

Tak samo jest dzisiaj. Ołtarz jest kazalnicą, z której Bóg głosi swoje słowo, a sługa Pański, który prowadzi nabożeństwo odgrywa rolę kapłana, który kropi krwią. Podczas nabożeństwa, słuchamy Słowa Bożego i z wiarą oraz wzmocnieni krwią naszego Zbawiciela, otrzymujemy przebaczenie za wszystko, co uczyniliśmy, a co było sprzeczne z wolą Bożą. Kiedy nasze grzechy zostają przebaczone, musimy udać się tam, gdzie Bóg pragnie, abyśmy się udali, by trzymać się z dala od grzechu.

4) Odarcie ofiarowanego zwierzęcia ze skóry i pokrojenie go na kawałki

Zwierzę, które jest składane w ofierze całopalnej musi zostać najpierw odarte ze skóry, a następnie spalone w ogniu. Skóry zwierząt są twarde, trudne do spalenia, a kiedy się palą, zapach jest bardzo nieprzyjemny. Dlatego, aby zwierzą mogło być przyjemną wonią, należy go najpierw obedrzeć ze skóry. Do czego można porównać taki obrzęd w dzisiejszych czasach? Bóg cieszy się wonią człowieka, który oddaje Mu cześć, ale nie przyjmuje czegoś, co nie ma woni. Aby nasze uwielbienie było miłą wonią dla Boga, musimy odrzucić to, co splamione światem i przyjść do Boga w godny i święty sposób. W naszym życiu mamy do czynienia z różnymi rzeczami, które nie są grzeszne, jednak nie są godne ani święte. Takie światowe rzeczy, które były w naszym życiu zanim poznaliśmy Chrystusa, nadal mogą być widoczne – może pojawić się ekstrawagancja, próżność czy przechwalanie. Na przykład, niektórzy ludzie lubią chodzić do sklepów, żeby pooglądać wystawy. Inni są uzależnieni od telewizji lub gier wideo. Jeśli twoje serce jest poświęcone takim sprawom, oddalasz się od Bożej miłości. Co więcej, jeśli zbadamy własne serce, będziemy w stanie zobaczyć fałsz tego świata i to co niedoskonałe przed Bogiem. Aby być doskonałym przed Bogiem, musimy odrzucić wszelkie zło. Kiedy przychodzimy do Niego, aby Go uwielbić, musimy okazać skruchę we wszystkich aspektach życia, a nasze serca muszą być godne i uświęcone.

Okazanie skruchy z powodu grzechu, nieczystości i niedoskonałości przed rozpoczęciem nabożeństwa uwielbieniowego symbolizowana jest przed odarcie zwierzęcia składanego w ofierze całopalnej ze skóry. Aby tego dokonać, musimy przygotować nasze serca zanim udamy się na nabożeństwo. Należy upewnić się, by składać Bogu modlitwę dziękczynną, ponieważ On przebaczył wszystkie nasze grzechy i chroni nas, oraz modlitwę skruchy, kiedy badamy nasze serca.

Kiedy człowiek składał w ofierze zwierzęta, które zostały obdarte ze skóry, pokrojone na kawałki i podpalone, Bóg przebaczał grzechy i przewinienia oraz pozwalał, by kapłan wykorzystał pozostałe skóry w wybrany przez siebie sposób. Krojenie na kawałki odnosi się do oddzielenia głowy i nóg, boków i ćwiartek, oraz wnętrzności.

Kiedy podajemy owoce, jak arbuzy lub jabłka, osobom starszym, nie podajemy im całych owoców, ale obieramy je ze skóry i sprawiamy, by ładnie wyglądały. Podobnie, składając ofiarę Bogu, nie palimy całości, ale upewniamy się, że ofiara jest uporządkowana.

Jakie duchowe znaczenie ma krojenie ofiary na kawałki?

Po pierwsze, uwielbienie Boga można podzielić na różne rodzaje. Są niedzielne nabożeństwa poranne i wieczorne, środowe nabożeństwa wieczorne oraz piątkowe nabożeństwa całonocne. Podział nabożeństw uwielbienionych odnosi się do krojenia ofiary na kawałki.

Po drugie, podział treści naszych modlitw również odnosi się do krojenia ofiary na kawałki. Ogólnie, modlitwę możemy podzielić na modlitwę skruchy i odrzucania złych duchów, oraz modlitwę wdzięczności. Modlitwa może również dotyczyć tematów kościelnych: budowy świątyni, pastorów i pracowników kościoła; może dotyczyć realizacji obowiązków, obfitości duszy, pragnień serca, oraz może być modlitwą kończącą.

Oczywiście, możemy modlić się, idąc ulicą, kierując samochodem lub biorąc chleb. Możemy mieć więź z Bogiem w spokoju, myśląc i medytując o Bogu i naszym Panu. Pamiętajcie, że oprócz czasu medytacji, czasu na wołanie do Boga w różnych sprawach jest bardzo ważny. Bóg z przyjemnością przyjmie nasze modlitwy i odpowie na nie.

Po trzecie, krojenie na kawałki oznacza, że Boże Słowo jest podzielone na 66 ksiąg. 66 ksiąg Biblii mówi o żywym Bogu i Jego opatrzności, o zbawieniu w Jezusie. Tak, Słowo Boże podzielone jest na księgi, lecz Słowo Boże w nich zawarte jest spójne. Ponieważ Słowo Boże jest podzielone na różne kategorie, Boża wola jest w nim przedstawiona i łatwiej nam ją zastosować w życiu.

Po czwarte, i to jest najważniejsze, krojenie ofiary na kawałki oznacza, że nabożeństwo uwielbieniowe jest podzielone i składa się z różnych części. Modlitwa skruchy przed rozpoczęciem nabożeństwa jest poprzedzona krótkim czasem medytacji, która przygotowuje uczestników do nabożeństwa, które z kolei kończy się Modlitwą Pańską lub błogosławieństwem. Pomiędzy tym głoszone jest Słowo Boże, są modlitwy wstawiennicze, uwielbienie, czytanie Słowa, dary i inne części. Każdy element ma swoje znaczenie i uwielbienie w odpowiedniej kolejności odnosi się do krojenia ofiary na części.

Spalenie wszystkich części ofiary stanowi pełnię ofiary całopalnej, tak samo musimy poświęcić siebie samych w pełni od początku do końca. Uczestnicy nie powinni się spóźniać ani wcześniej wychodzić, aby zająć się swoimi sprawami, chyba że to absolutnie konieczne. Niektórzy ludzie muszą pełnić pewne obowiązki z kościele, jak wolontariat lub służba odźwiernego – w takim sytuacjach wcześniejsze wyjście jest uzasadnione. Czasami ludzie mogą chcieć uczestniczyć w wieczornych nabożeństwach środowych lub piątkowych nabożeństwach całonocnych, jednak spóźniają się z powodu pracy lub innych okoliczności. Jednak Bóg patrzy na ich serca i przyjmuje woń ich uwielbienia.

5) Kapłan kładzie ogień na ołtarzu i układa drewno

Po pokrojeniu ofiary na kawałki, kapłan układa wszystkie kawałki na ołtarzu i podkłada ogień. Dlatego kapłan otrzymał polecenie, by podłożyć ogień i ułożyć drewno na ołtarzu. Ogień w sensie duchowym oznacza Ducha Świętego, a drewno odnosi się do zawartości Biblii. Każde słowo zapisane w 66 księgach Biblii jest drewnem. Układanie drewna w sensie duchowym odnosi się do wykorzystywania każdego słowa Biblii w praktyce dzięki działaniu Ducha Świętego.

Na przykład, w Ew. Łukasza 13,33 Jezus mówi: „Jednak dziś, jutro i pojutrze muszę być w drodze, bo rzecz niemożliwa, żeby prorok zginął poza Jerozolimą". Próba dosłownego zrozumienia tego wersetu jest bezsensowna, ponieważ wiemy, że wielu ludzi Boga w Biblii, jak apostoł Paweł i Piotr umarło poza Jerozolimą. W tym wersecie Jerozolima nie odnosi się do fizycznego miasta, ale do miasta, które podąża za wolą Bożą, czyli miasta które jest duchową Jerozolimą, czyli Słowem Bożym. Dlatego, „bo rzecz niemożliwa, żeby prorok zginął poza Jerozolimą" oznacza, że prorok żył i umarł w granicach Słowa Bożego.

Zrozumienie tego, co czytamy w Biblii oraz kazań, których słuchamy podczas nabożeństw może mieć miejsce tylko dzięki natchnieniu Ducha Świętego. Część Bożego Słowa, która wykracza poza ludzką wiedzę, myśli i spekulacje może być zrozumiana dzięki natchnieniu Ducha Świętego oraz wierze w Słowo Boże z głębi serca. Wzrastamy duchowo tylko, jeśli rozumiemy Słowo Boże dzięki działaniu i natchnieniu Ducha Świętego, co prowadzi do tego, że wola Boża trafia do naszego serca i zapuszcza korzenie.

6) Układanie kawałków zwierzęcia na drewnie na ołtarzu

W Ks. Kapł. 1,8 czytamy: „Potem kapłani, synowie Aarona, ułożą części wraz z głową i tłuszczem na drwach leżących na ogniu na ołtarzu". Ofiara całopalna wymagała, by kapłan ułożył kawałki zwierzęcia na ołtarzu wraz z głową i tłuszczem. Spalenie głowy na ołtarzu oznacza spalenia myśli pełnych fałszu. Nasze myśli są w głowie, a większość grzechów rozpoczyna się właśnie tam. Ludzie tego świata nie potępiają innych, i nie uważają ich za grzeszników, jeśli grzech nie jest jawny. Jednakże w 1 Jana 3,15 czytamy: „Każdy, kto nienawidzi swego brata, jest zabójcą, a wiecie, że żaden zabójca nie nosi w sobie życia wiecznego". Bóg nienawiść ukrytą również nazywa grzechem.

Jezus odkupił nas z grzechu ponad 2000 lat temu. Odkupił nas z grzechów, które popełniliśmy nie tylko rękami czy nogami, ale również głową. Jezus został przybity do krzyża przez ręce i nogi, aby odkupić nas od grzechów, które popełniamy rękami i nogami. Na głowę nałożono mu koronę cierniową, aby odkupić nas od grzechów, które popełniamy naszymi myślami. Ponieważ nasze grzechy popełniane głową zostały już wybaczone, nie musimy składać w ofierze głowy zwierząt, ale musimy oczyścić nasze myśli ogniem Ducha Świętego, odrzucając złe myśli pełne fałszu, a myśląc o prawdzie. Jeśli stale pielęgnujemy prawdę, nie będziemy mieć w sobie fałszu ani złych myśli. Kiedy Duch Święty oczyszcza ludzki umysł ze złych myśli, ludzie skupiają się na poselstwie, które zostaje wyryte w ich sercach podczas nabożeństw uwielbieniowych, ludzie będą w stanie złożyć Bogu w ofierze duchowe uwielbienie, które On może przyjąć.

Tłuszcz zwierzęcy jest sam w sobie źródłem energii i życia. Jezus stał się ofiarą, przelewając swoją krew i wodę. Jeśli wierzymy w Jezusa, naszego Pana, nie będziemy potrzebować tłuszczu zwierząt.

Co więcej, wiara w Pana nie wypełnia się tylko słowami. Jeśli naprawdę wierzymy, że Bóg odkupił nas od grzechu, odrzucimy zło i zostaniemy zmienieni Słowem Bożym oraz będziemy prowadzić uświęcone życie. Kiedy oddajemy cześć Bogu, musimy robić to z całą naszą energią – naszym ciałem, sercem, wolą i chęciami. Osoba, która z całej swojej siły oddaje Bogu cześć, nie tylko zachowuje w sercu Jego Słowo, ale również wypełnia je. Tylko, jeśli Słowo Boże jest w sercu, może stać się życiem, siłą i błogosławieństwem w duchu i w prawdzie.

7) **Kapłan przemywa wodą wnętrzności i nogi, a następnie składa na ołtarzu**

Podczas gdy inne część składane są takie, jakie są, Bóg nakazał, aby wnętrzności i nogi – nieczyste części zwierzęcia - zostały przemyte wodą i dopiero złożone w ofierze. Przemywanie wodą odnosi się do oczyszczania z nieczystości człowieka składającego ofiarę. Jakie nieczystości powinny zostać usunięte? Podczas gdy ludzie w czasach starotestamentowych oczyszczali z brudu ofiarę, ludzie w czasach nowotestamentowych oczyszczają z nieczystości swoje serca.

W Ew. Mateusza 15 opisana jest sytuacja, jak faryzeusze i uczeni w piśmie napominali uczniów Jezusa za to, że jedli brudnymi rękami. Jezus odpowiedział im: „Nie to, co wchodzi do ust, czyni człowieka nieczystym, ale co z ust wychodzi, to go czyni nieczystym" (w. 11). Wpływ tego, co wchodzi do ust ludzki kończy się wraz z wydaleniem, natomiast to, co wychodzi z ust ludzkich, wychodzi z serca i ma długotrwałe skutki. W wersetach 19-20 Jezus dodaje: „Z serca bowiem pochodzą złe myśli, zabójstwa, cudzołóstwa, czyny nierządne, kradzieże, fałszywe świadectwa, przekleństwa. (20) To właśnie czyni człowieka nieczystym. To zaś, że się je nie umytymi rękami, nie czyni człowieka nieczystym". Musimy oczyścić Słowem Bożym grzech i zło z serca.

Im więcej Słowa Bożego trafia do naszego serca, tym więcej grzechu i zła jest z niego wyeliminowane. Na przykład, jeśli człowiek żyje miłością, nienawiść zostanie usunięta. Jeśli człowiek praktykuje skromność, arogancja zniknie. Jeśli człowiek żyje prawdą, fałsz i oszustwo zostaną usunięte. Im więcej człowiek żyje prawdą, tym bardziej grzeszna natura zostanie odrzucona. Naturalnie, jego wiara będzie wzrastać aż osiągnie poziom pełni w Chrystusie. W zależności od wiary człowieka, Boża moc i władza będą mu towarzyszyć. Nie tylko otrzyma pragnienia swojego serca, ale również doświadczy błogosławieństw w każdym aspekcie życia.

Tylko, jeśli wnętrzności i nogi zostały oczyszczone i ułożone na ołtarzu, dawały odpowiednią woń przed Bogiem. W Ks. Kapł. 1,9 czytamy: „To jest całopalenie, ofiara spalana, miła woń dla Pana". Kiedy uczestniczymy w nabożeństwach uwielbieniowych w duchu i w prawdzie zgodnie z Jego wolą, nasze uwielbienie – jak ofiara całopalna – będzie ofiarą, która raduje Boga i umożliwia otrzymanie odpowiedzi na modlitwy. Nasze serca będą wonią dla Boga i dzięki temu, On da nam obfitość w każdym aspekcie naszego życia.

5. Składanie w ofierze baranków lub kozłów (Ks. Kapł. 1,10-13)

1) Młode baranki lub kozły bez skazy

Tak, jak w przypadku cielców, baranki i kozły składane w ofierze musiały być nieskazitelne. W sensie duchowym, składanie nieskazitelnej ofiary odnosi się do uwielbienia Boga z czystym sercem pełnym radości i wdzięczności. Bóg nakazał, aby w ofierze składane były samce, co oznacza, że człowiek ma uwielbiać Boga w pewnością w sercu i bez niezdecydowania. Ofiary mogą się różnić w zależności od sytuacji finansowej danego człowieka, nastawienie musi być jednakowe – serce pełne świętości i doskonałości bez względu na składaną ofiarę.

2) Ofiara musi być zabita po północnej stronie ołtarza, a kapłan pokropi krwią wokół czterech stron ołtarza

Tak, jak w przypadku ofiar z cielców, celem kropienia krwią zwierzęcia wokół ołtarza było otrzymanie przebaczenia za grzechy popełnione w jakimkolwiek miejscu – na wschód, zachód, na południe i północ. Bóg umożliwił odkupienie dzięki krwi zwierząt składanych Mu w ofierze zamiast człowieka.

Dlaczego Bóg nakazał, aby ofiara została zabita po północnej stronie ołtarza? Północna strona duchowo symbolizuje zimno i ciemność; to wyrażenie często odnosi się do czegoś, czego Bóg nie akceptuje, za co karci i co nie jest dla Niego radością.

W Ks. Jeremiasza 1,14-15 czytamy:

„I rzekł do mnie Pan: Od północy rozszaleje się zagłada wszystkich mieszkańców ziemi. Zwołam bowiem wszystkie królestwa Północy - wyrocznia Pana - przyjdą i ustawią każdy swój tron u wejścia do bram Jerozolimy przeciw wszystkim jej murom dokoła i przeciw wszystkim miastom judzkim".

W Ks. Jeremiasza 4,6 Bóg mówi: „Wznieście znak w kierunku Syjonu! Uciekajcie! Nie zatrzymujcie się! Sprowadzę bowiem nieszczęście z północy i wielkie zniszczenie". Jak czytamy w Biblii, północ oznacza Bożą dyscyplinę i napomnienie, dlatego zwierzę, na które przeniesione wszystkie grzechu człowieka miało zostać zabite po północnej stronie ołtarza, co było symbolem przekleństwa.

3) Ofiara jest pokrojona na kawałki i wraz z głową i tłuszczem ułożona na ołtarzu; wnętrzności i nogi zostaną przemyte wodą; wszystko zostanie złożona na ołtarzu

Tak samo, jak w przypadku składania cieląt w ofierze, ofiara całopalna w postaci baranków lub kozłów mogła został złożona, aby uzyskać przebaczenie grzechów, które popełniamy głową, rękami i nogami. Stary Testament jest jakby cieniem Nowego Testamentu. Bóg pragnie, abyśmy otrzymali przebaczenie grzechów nie tylko w oparciu o nasze czyny, ale również oczyszczone serce człowieka, który żyje zgodnie z wolą Bożą. Chodzi o składanie Bogu w ofierze naszego uczestnictwa w nabożeństwach uwielbieniowych ciałem, sercem i wolą, oraz praktykowania Słowa Bożego dzięki natchnieniu Ducha Świętego, aby odrzucić fałsz i żyć zgodnie z prawdą.

6. Składanie ptaków w ofierze (Ks. Kapł. 1,14-17)

1) Synagorlica lub młody gołąb

Gołębie są najłagodniejsze ze wszystkich ptaków. Okazują ludziom posłuszeństwo. Ponieważ ich mięso jest miękkie oraz ponieważ gołębie są korzystne dla ludzi, Bóg nakazał składanie w ofierze synagorlic lub młodych gołębi. Spośród gołębi Bóg chciał, by ofiarowane były młode gołębie, ponieważ chciał, by ofiary były czyste i łagodne. Takie cechy gołębi symbolizują łagodność i delikatność Jezusa, który stał się ofiarą.

2) Kapłan kładzie ofiarę na ołtarzu, odrywa jej głowę, odrywa skrzydła, jednak nie rozrywa ptaka; kapłan składa ofiarę w ogniu na ołtarzu, a krew ptaka spływu po boku ołtarza

Ponieważ młode gołębie są bardzo małe, nie można ich zabić i pokroić na kawałki. Przelane jest bardzo niewielka ilość krwi. Z tego powodu, w przeciwieństwie do innych zwierząt zabijanych w północnej części ołtarza, gołębiowi odrywało się głowę i spuszczało krew. Kapłan kład rękę na głowie gołębia, a następnie kropił krwią wokół ołtarza. Odpuszczenie odbywa się tylko, jeśli krew zostanie spuszczona po bocznej stronie ołtarza, z powodu tego, że gołąb ma bardzo mało krwi.

Co więcej, ze względu na jego budowę, gołąb nie mógł być pokrojony na kawałki, ponieważ części stałyby się nierozpoznawalne. Dlatego odrywane były tylko skrzydła. Dla ptaków skrzydła oznaczają życie. Oderwanie ptakowi skrzydeł symbolizuje całkowite poddanie przed Bogiem i oddanie Mu swojego życia.

3) Wole ofiary wraz z piórami zostanie odrzucone obok ołtarza po stronie wschodniej do miejsca, gdzie znajdował się popiół

Przed złożeniem ptaków w ofierze, wole i pióra miały zostać usunięte. Podczas gdy wnętrzności cieląt, baranków lub kozłów nie były eliminowane, lecz obmywane i spalane, woli i wnętrzności ptaka nie dało się przemyć wodą, dlatego Bóg nakazał, aby zostały wyrzucone. Wyrzucenie woli i piór ptaka, podobnie jak oczyszczenie brudnych elementów cielców i baranków, symbolizuje oczyszczenie nieczystego serca i zachowania z grzechu i zła, poprzez uwielbienie Boga w duchu i w prawdzie.

Wole ptasie oraz pióra musiały być odrzucone obok ołtarza, po stronie wschodniej, w miejscu, gdzie znajdował się popiół. W Ks. Rodz. 2,8 czytamy: „A zasadziwszy ogród w Eden na wschodzie". Duchowe znaczenie wschodu odnosi się do miejsca otoczonego światłem. Nawet na naszej Ziemi, wschód to kierunek, z którego wstaje słońce, co oznacza, że ciemność zostaje usunięta.

Jakie znaczenie ma odrzucenie woli i piór ptasich po wschodniej stronie ołtarza?

Symbolizuje to przyjście do Pana, który jest Światłością, po odrzuceniu nieczystości grzechu i zła, poprzez złożenie Bogu ofiary całopalnej. Jak czytamy w Liście do Efezjan 5,13: „Natomiast wszystkie te rzeczy piętnowane stają się jawne dzięki światłu, bo wszystko, co staje się jawne, jest światłem", odrzucamy nieczystość grzechu i zła, które w sobie znajdujemy i stajemy się dziećmi Bożymi, przychodząc do Światłości. Dlatego, odrzucenie nieczystości zwierzęcia po stronie wschodniej w sensie duchowym oznacza, w jaki sposób my – żyjący pośród duchowych nieczystości grzechu i zła – możemy odrzucić grzech i stać się dziećmi Bożymi.

Poprzez ofiarę całopalną w postaci cielców, baranków, kozłów i ptaków, możemy zrozumieć Bożą miłość i sprawiedliwość. Bóg nakazał ludowi składać ofiary całopalne, ponieważ chciał, aby żyli w bezpośredniej łączności z Nim, składając Mu ofiary całopalne. Mam nadzieję, że pamiętając o tym, będziecie wielbić Boga w duchu i w prawdzie, a nie tylko zachowywać Dzień Święty, aby będąc wonnością dla Boga wszystkie 365 dni w roku. Wtedy nasz Bóg, tak jak obiecał: „Raduj się w Panu, a On spełni pragnienia twego serca" (Ps. 37,4), da nam obfitość błogosławieństw, gdziekolwiek będziemy.

Rozdział 4

Ofiary pokarmowe

„Jeżeli kto chce złożyć w darze dla Pana ofiarę pokarmową, niech złoży w darze najczystszą mąkę. Poleje ją oliwą i doda do niej kadzidła".

Ks. Kapł. 2,1

1. Znaczenie ofiary pokarmowej

Drugi rozdział Księgi Kapłańskiej wyjaśnia kwestię ofiary pokarmowej oraz tego, jak należy ją składać, aby mogła być żywą i świętą ofiarą, którą raduje się Bóg. W Ks. Kapłańskiej 2,1 czytamy: „Jeżeli kto chce złożyć w darze dla Pana ofiarę pokarmową, niech złoży w darze najczystszą mąkę", ofiara pokarmowa jest ofiarą składaną Bogu z drobno mielonych ziaren. Jest ofiarą dziękczynną dla Boga, który dał nam życie i daje nam codzienny chleb. Innymi słowy, oznacza dary dziękczynne składane podczas nabożeństwa za to, że Bóg chronił nas w minionym tygodniu.

W ofiarach składanych Bogu, przelana krew zwierząt była wymagana jako ofiara za grzechy. Przebaczenie naszych grzechów wymaga przelania krwi zwierząt, zapewniając, że nasze modlitwy docierają do Świętego Boga. Jednakże, ofiara pokarmowa jest ofiarą dziękczynną, która nie wymaga przelewu krwi i jest składana wraz z ofiarą całopalną. Ludzie oddawali Bogu pierwociny owoców i ziaren jako ofiarę pokarmową, ponieważ to On dał im ziarno do zasiewu, dał im pokarm i chronił ich aż do czasu zbiorów.

Jako ofiarę pokarmową zazwyczaj składano mąkę. Drobną mąką, pieczony chleb lub świeże ziarna składano w ofierze wraz z oliwą i solą oraz kadzidłem. Garść ofiary była wrzucana do ognia, aby Bóg radował się jej wonią.

W Ks. Wyjścia 40,29 czytamy: „Ołtarz zaś całopalenia

postawił przed wejściem do wnętrza Namiotu Spotkania i ofiarował na nim całopalenie i ofiarę pokarmową, jak Pan nakazał Mojżeszowi". Bóg nakazał, by kiedy składana była ofiara całopalna, składano również ofiarę pokarmową. Dlatego, uczestniczymy w nabożeństwach uwielbieniowych, oddając ofiary dziękczynne podczas niedzielnych nabożeństw.

Etymologia „ofiary pokarmowej" obejmuje słowa „ofiara" i „dar". Bóg nie chce, abyśmy uczestniczyli w nabożeństwach uwielbieniowych i przychodzili z pustymi rękami, ale chce, abyśmy okazali wdzięczność, składając ofiary dziękczynne. Z tego powodu mówi nam w 1 Tes. 5,18: „W każdym położeniu dziękujcie, taka jest bowiem wola Boża w Jezusie Chrystusie względem was", a w Mat. 6,21: „Bo gdzie jest twój skarb, tam będzie i serce twoje".

Dlaczego mamy okazywać dziękczynienie we wszystkim i składać Bogu ofiary pokarmowe? Po pierwsze, rodzaj ludzi kroczy ścieżką zniszczenia z powodu nieposłuszeństwa Adama, jednak Bóg dał nam Jezusa jako odkupienie naszych grzechów. Jezus odkupił nas od grzechu i dzięki Niemu zyskujemy wieczne życie. Ponieważ Bóg, który stworzył wszystko we wszechświecie i człowieka, jest naszym Ojcem, możemy cieszyć się władzą dzieci Bożych. Pozwolił nam posiąść niebo, więc jakże moglibyśmy nie okazywać Mu wdzięczności?

Bóg daje nam słońce i kontroluje deszcz, wiatr i klimat, którym się cieszymy tak, że możemy zbierać plony i mieć codzienny chleb. Musimy okazywać Mu wdzięczność. Co więcej, Bóg chroni nas przed tym światem, w którym grzech, niesprawiedliwość, choroby i wypadki są bardzo powszechne. On odpowiada na modlitwy zanoszone z wiarą i błogosławi nam, byśmy mogli prowadzić zwycięskie życie. Jakże moglibyśmy nie okazywać wdzięczności!?

2. Ofiara pokarmowa

W Ks. Kapł. 2,1 Bóg mówi: „Jeżeli kto chce złożyć w darze dla Pana ofiarę pokarmową, niech złoży w darze najczystszą mąkę. Poleje ją oliwą i doda do niej kadzidła". Ziarna składane Bogu w ofierze mają być drobno zmielone. Boży nakaz mówi, żeby ziarna było drobno zmielone, co wskazuje na serce, z jakim mamy przyjść do Boga, by złożyć ofiarę. Aby drobno zmielić mąkę, trzeba poddać ziarno wielu procesom, łącznie z obieraniem, mieleniem i przesiewaniem. Każdy z tych etapów wymaga wysiłki i troski. Posiłek z drobno mielonej mąki zdecydowanie lepiej wygląda i jest smaczniejszy.

Duchowe znaczenie Bożego nakazu jest takie, że Bóg przyjmuje tylko ofiary składane z największą troską i radością. Przyjmuje ofiary, jeśli okazujemy dziękczynienie z głębi serca, a nie tylko ustami. Dlatego, kiedy oddajemy dziesięcinę lub składamy ofiary, musimy upewnić się, że płyną one prosto z serca tak, by Bóg przyjął je z radością.

Bóg jest władcą wszystkich rzeczy i nakazuje człowiekowi składanie ofiar, jednak nie dlatego, że czegoś Mu brakuje. Ma moc, by zwiększyć bogactwo każdego człowieka i zabrać dobytek komukolwiek. Bóg pragnie otrzymywać ofiary, aby mógł nas błogosławić jeszcze bardziej i obficiej poprzez ofiary, które składamy Mu w wierze i miłości.

W 2 Kor. 9,6 czytamy: „Tak bowiem jest: kto skąpo sieje, ten skąpo i zbiera, kto zaś hojnie sieje, ten hojnie też zbierać będzie", zbiór zgodnie z tym, co zasialiśmy jest prawem w duchowej rzeczywistości. Więc, aby Bóg mógł nam błogosławić jeszcze obficiej, uczy nas, byśmy składali ofiary dziękczynne.

Jeśli w to wierzymy i składamy ofiary, będziemy składać je z głębi serca, tak jak składalibyśmy ofiary z mąki, oraz będziemy składać Mu najcenniejsze ofiary, które są nieskazitelne i czyste.

„Mąka" oznacza naturę Jezusa i jego życie, które są doskonałe. Naucza nas, że jeśli składamy ofiary z troską, będziemy też prowadzić życie pełne trudów i posłuszeństwa.

Składając ofiarę pokarmową z mąki, po wymieszaniu mąki z oliwą i upieczeniu jej w piecu lub wylaniu ciasta na patelnię lub formę do pieczenia, ludzie składali ją w ogniu na ołtarzu. To, że ofiary pokarmowe były składane na różne sposoby oznacza, że środki do życia oraz przyczyny oddawania dziękczynienia są różne.

Innymi słowy, oprócz rzeczy, za które zawsze powinniśmy okazywać wdzięczność w niedzielę, możemy okazywać wdzięczność za otrzymane błogosławieństwa lub odpowiedzi na modlitwy naszego serca; za pokonanie pokusy i próby wiary. Jednakże, zgodnie z Bożym nakazem „za wszystko dziękujcie", musimy szukać powodów do wdzięczności i odpowiednio ją okazywać. Tylko wtedy Bóg przyjmie woń naszych serc i upewni się, że będziemy mieć jeszcze więcej powodów, by okazywać wdzięczność.

3. Składanie ofiary pokarmowej

1) Ofiara pokarmowa z mąki z oliwą i kadzidłem

Wylanie oliwy na mąkę sprawia, że powstaje ciasto, z którego można zrobić pyszny chleb; podczas gdy nałożenie kadzidła na chleb poprawi jego wartość ofiarną i wygląd. Jeśli taka ofiara zostanie przyniesiona do kapłana, kapłan bierze garść i składa ją w ogniu na ołtarzu. Wtedy do Boga dociera wspaniała woń ofiary.

Jakie znaczenie ma wylanie oliwy na mąkę?

"Oliwa" odnosi się do tłuszczu zwierząt lub olejku z roślin. Wymieszanie mąki z oliwą wskazuje na to, że musimy oddawać całą naszą energię – całe nasze życie – w ofierze Bogu. Kiedy oddajemy cześć Bogu lub dajemy Mu dary, Bóg daje nam inspirację i pełnię Ducha Świętego oraz umożliwia nam prowadzenie życie, w którym utrzymujemy bezpośrednią i intymną relację z Nim. Wylewanie oliwy symbolizuje to, że kiedy oddajemy coś Bogu, musimy to czynić z całego serca.

Co oznacza nakładanie kadzidła na ofiarę?

W Rzym. 5,7 czytamy: „A [nawet] za człowieka

sprawiedliwego podejmuje się ktoś umrzeć tylko z największą trudnością. Chociaż może jeszcze za człowieka życzliwego odważyłby się ktoś ponieść śmierć". Jednak zgodnie z Bożą wolą, Jezus umarł za nas, którzy nie jesteśmy ani sprawiedliwi, ani dobrzy, a grzeszni. Jakże przyjemną wonią musiała być dla Boga miłość Jezusa? W ten sposób Jezus zniszczył władzę śmierci, powstał z martwych, usiadł po prawicy Ojca, stał się Królem królów i prawdziwie bezcenną wonią dla Boga.

Efez. 5,2 zachęca nas: „I postępujcie drogą miłości, bo i Chrystus was umiłował i samego siebie wydał za nas w ofierze i dani na wdzięczną wonność Bogu". Kiedy Jezus został ofiarowany, stał się ofiarą, na którą nakłada się kadzidło. Dlatego, ponieważ otrzymaliśmy Bożą miłość, musimy oddać samych siebie i stać się wonnością dla Boga tak, jak Jezus.

„Nakładanie kadzidła na mąkę" oznacza, że tak jak Jezus uwielbił Boga wonnością swojej natury i uczynków, tak my musimy żyć zgodnie ze Słowem Bożym z całego serca i uwielbiać Go, emanując wonnością Chrystusa. Tylko, jeśli składamy ofiary dziękczynne Bogu, emanując wonnością Chrystusa, nasze ofiary staną się ofiarami pokarmowymi godnymi Bożej akceptacji.

2) Nie należy dodawać ciasta kwaszonego ani miodu

W Ks. Kapł. 2,11 czytamy: „Nie będziecie składać na ofiarę pokarmową dla Pana nic kwaszonego. Albowiem ciasta kwaszonego ani miodu nie będziecie zamieniać w dym dla Pana jako ofiary spalanej". Bóg nakazał, aby ciasto kwaszone nie było dodawane do chleba ofiarowanego Bogu, ponieważ ciasto mączne sfermentowałoby; w duchowym znaczeniu oznacza to zepsucie ofiary.

Niezmienny i doskonały Bóg pragnie, by nasze ofiary nie były zepsute i składane z głębi serca. Dlatego, kiedy składamy ofiary, musimy składać je z niezmiennym i czystym sercem, z wdzięcznością, miłością i wiarą w Boga.

Składając ofiary, niektórzy myślą o tym, jak są postrzegani przez innych i składają ofiary jako formalność. Inni składają ofiary z sercem pełnym goryczy i troski. Jednak Jezus ostrzega nam przed kwasem faryzeuszów, który jest hipokryzją; jeśli dajemy, udając, że jesteśmy uświęceni na zewnątrz i oczekując uznania, nasze serce będzie jak ofiara pokarmowa zepsuta kwasem i nie będzie miała nic wspólnego z Bogiem.

Dlatego, musimy dawać bez kwasu i z głębi serca, z miłością i wdzięcznością w stosunku do Boga. Nie powinniśmy dawać niechętnie lub ze smutkiem i troską, pozbawieni wiary. Musimy dawać obficie, z wiarą z Boga, który przyjmuje nasze dary i błogosławi nam w duchu i w prawdzie. Aby nauczyć nas duchowego znaczenia, Bóg nakazał, by ofiary były składane bez kwasu.

Są chwile, kiedy Bóg pozwala nam składać ofiary z kwaszonego ciasta. Takie ofiary nie są spalane, ale kapłan macha nimi przy ołtarzu, aby wyrazić oddanie Bogu, a następnie ponownie oddaje ludowi, by jadł. To tak zwana „ofiara machana", do której - w przeciwieństwie do ofiary pokarmowej - można dodać kwasu, jeśli postępowanie zmieniło się.

Na przykład, ludzie wiary uczestniczą w nabożeństwach uwiebieniowych nie tylko w niedzielę, ale również w inne dni. Kiedy ludzie słabej wiary uczęszczają na nabożeństwa niedzielne, ale omijają piątkowe nabożeństwa całonocne lub środowe nabożeństwa wieczorne, Bóg nie uzna ich zachowania za grzeszne. Jeśli chodzi o procedury, podczas gdy nabożeństwo niedzielne kieruje się ścisłymi zasadami, nabożeństwa uwielbieniowe w domach członków zboru, mimo, że mają podobną strukturę podstawową, składającą się z poselstwa, modlitwy i uwielbienia, mogą być różne w zależności od okoliczności. Trzymając się podstawowych i koniecznych zasad, Bóg pozwala nam na elastyczność w zależności od okoliczności, a miara wiary jest duchowym znaczeniem ofiar składanych z kwasem.

Dlaczego Bóg nie chciał, by do ofiar dodawano miód?

Tak, jak kwas, miód również może zepsuć właściwości mąki. Miód odnosi się do słodkiego syropu produkowanego z soku daktyli w Palestynie i może spowodować fermentację i psucie. Dlatego Bóg zakazał psucia mąki poprzez dodawanie miodu. Powiedział również, że dzieci Boże, kiedy chwalą Go i składają ofiary, muszą czynić to z doskonałym serce bez oszukiwania i zmienności.

Ludzie mogą uważać, że dodawanie miodu ulepszyłoby ofiarę. Bez względu na to, jak dobrze coś wygląda dla człowieka,

Bóg pragnie otrzymywać ofiary zgodne ze swoimi poleceniami. Niektórzy ludzie na początku przysięgają, że dadzą Bogu coś szczególnego, jednak kiedy zmieniają się okoliczności, zmieniają zdanie i dają coś innego. Bóg nienawidzi, kiedy ludzie zmieniają zdanie, jeśli chodzi o nakazy Boże lub swoje własne obietnice dla własnych korzyści, jeśli zaangażowane są działania Ducha Świętego. Dlatego, jeśli człowiek obiecuje, że złoży w ofierze zwierzę, powinien złożyć je zgodnie z tym, co napisane jest w Ks. Kapł. 27,9-10: „Jeżeli chodzi o bydlęta, które są składane w darze dla Pana, to wszystko z nich, co jest złożone w darze dla Pana, będzie rzeczą świętą. Nie wolno ich zamieniać, nie wolno ich zastępować innym bydlęciem ani lepszego gorszym, ani gorszego lepszym. Jeżeli zaś kto zechce taką zamianę uczynić, to jedno i drugie bydlę będzie rzeczą świętą".

Bóg pragnie, byśmy oddawali Mu ofiary z czystym sercem, nie tylko w chwili oddawania ofiary, ale zawsze. Jeśli w sercu człowieka jest kłamstwo i wahanie, dla Boga będzie to widoczne i nie do przyjęcia.

Na przykład, król Saul zlekceważył polecenie Boże i zmieniał zdanie w zależności od własnych upodobań. W konsekwencji był nieposłuszny Bogu. Bóg nakazał Saulowi, by zniszczył króla Amalekitów, wszystkich ludzi i zwierzęta. Po zwycięstwie dzięki mocy Bożej, Saul sprzeciwił się Bożemu nakazowi. Zachował przy życiu króla Amalekitów Agaga i przywiódł go do Izraela wraz z najlepszymi zwierzętami. Nawet po otrzymaniu napomnienia, Saul nie okazał skruchy, ale pozostawał nieposłuszny, aż w końcu Bóg go porzucił.

W Ks. Liczb 23,19 czytamy: „Bóg nie jest jak człowiek, by kłamał, nie jak syn ludzki, by się wycofywał". Abyśmy byli radością dla Boga, nasze serce musi zostać przemienione i czyste. Bez względu, jak coś może wydawać się dobre człowiekowi, nigdy nie powinien robić czegoś, co Bóg zakazał czynić, i to nigdy nie powinno się zmienić bez względu na upływający czas. Kiedy człowiek jest posłuszny woli Bożej z czystym sercem, Bóg raduje się. Przyjmuje ofiary i błogosławi mu. W Ks. Kapł. 2,12 czytamy: „Przyniesiecie te rzeczy jako dar pierwocin, ale nie będziecie ich kłaść na ołtarzu, aby się zmieniły w miłą woń". Ofiara musi być miłą wonią dla Boga. Bóg mówi nam, że ofiara pokarmowa nie może być kładziona na ołtarzu, a składana w dymie, aby mogła wydać woń. Celem naszych ofiar pokarmowych nie jest sam uczynek, ale ofiara woni naszego serca.

Bez względu na to, ile dobrych rzeczy składanych jest w ofierze, jeśli nie są składane z głębi serca, może to być miłą wonnością dla człowieka, ale nie dla Boga. Podobnie, jeśli dzieci dają dary swoim rodzicom z sercem pełnym wdzięczności i miłości za to, że się urodzili i zostali wychowani w miłości, nie dla formalności, dla rodziców będzie to źródłem prawdziwej radości.

Tak samo, Bóg nie chce, byśmy dawali Mu coś z przyzwyczajenia, mówiąc sobie: „Zrobiłem, co miałem zrobić", ale byśmy emanowali wonnością serc przepełnionych nadzieją, wiarą i miłością.

3) Sypanie solą

W Ks. Kapł. 2,13 czytamy: „Każdy dar należący do ofiary pokarmowej ma być posolony. Niech nie brakuje soli przymierza Boga twego przy żadnej ofierze pokarmowej. Każdy dar posypiesz solą". Sól rozpuszcza się i zapobiega psuciu, nadając smak potrawom.

Sypanie solą odnosi się do pokoju. Sól musi roztopić się, aby potrawa miała smak, odgrywanie roli soli, czyli wprowadzanie pokoju, wymaga poświęcenia i śmierci własnego ja. Dlatego Bóg zaleca, by ofiara pokarmowa była sypana solą, co oznacza, że musimy składać ofiarę Bogu, poświęcając samych siebie, by osiągnąć pokój.

Musimy najpierw przyjąć Jezusa i mieć pokój z Bogiem, walcząc do przelewu krwi, aby odrzucić grzech, zło, pożądliwość i egoizm.

Przypuśćmy, że ktoś świadomie popełnia grzech, co Bóg uważa za obrzydliwość i składa Bogu ofiarę bez okazania skruchy. Bóg nie może przyjąć takiej ofiary, ponieważ pokój między takim człowiekiem i Bogiem jest złamany. Dlatego Psalmista napisał: „Gdybym w mym sercu zamierzał nieprawość, Pan by mnie nie wysłuchał" (Ps. 66, 18). Bóg z przyjemnością przyjmie nie tylko nasze modlitwy, ale również ofiary, jeśli odrzucimy grzech, zawrzemy z Nim pokój i złożymy Mu dary.

Zawarcie pokoju z Bogiem wymaga, aby każdy człowiek

poświęcił się i uśmiercił swoje ja. Tak jak apostoł Paweł wyznał „Codziennie umieram", tylko jeśli człowiek zaprze się samego siebie i uśmierci własne ja, może osiągnąć pokój z Bogiem.

Musimy mieć również pokój z naszymi braćmi i siostrami w wierze. Jezus mówi nam w Ew. Mateusza 5,23-24: „Jeśli więc przyniesiesz dar swój przed ołtarz i tam wspomnisz, że brat twój ma coś przeciw tobie, zostaw tam dar swój przez ołtarzem, a najpierw idź i pojednaj się z bratem swoim. Potem przyjdź i dar swój ofiaruj!". Bóg nie przyjmie naszych ofiar z przyjemnością, jeśli trwamy w grzechu, popełniamy zło i utrudniamy życie naszym braciom i siostrom w Chrystusie.

Nawet jeśli brat uczynił ci coś złego, nie możesz okazywać nienawiści ani narzekać na niego, ale musisz przebaczyć i zawrzeć z nim pokój. Bez względu na przyczynę, nie możemy żyć w niezgodzie z innymi ani ranić naszych braci i sióstr, lub powodować ich upadków. Tylko, jeśli zawrzemy pokój z ludźmi, a nasze serca będą wypełnione Duchem Świętym, radością i wdzięcznością, nasze ofiary będą posypane solą.

W Bożym poleceniu zawarte jest również znaczenie przymierza, ponieważ czytamy o „soli przymierza waszego Boga". Sól jest pozyskiwana z wody oceanicznej, a woda oznacza Słowo Boże. Sól zawsze nadaje słonego smaku, a Słowo Bożego przymierza nigdy się nie zmienia.

Sypanie solą po ofierze oznacza, że musimy ufać w niezmienne słowo przymierza wiernego Boga i oddać Mu swoje serce. Składając ofiary dziękczynne, musimy wierzyć, że Bóg z pewnością pobłogosławi nam trzydziesto-, sześćdziesięcio- i stukrotnie w stosunku do tego, co sami dajemy. Niektórzy ludzie mówią „Nie daję w oczekiwaniu na błogosławieństwa". Jednakże, Bóg raduje się wiarą człowieka, który poszukuje Jego błogosławieństw. W Liście do Hebrajczyków 11 czytamy, że kiedy Mojżesz porzucił tron egipski, „szukał nagrody", którą miał dać mu Bóg. Jezus, który również oczekiwał na nagrodę, nie miał nic przeciwko upokorzeniu na krzyżu. Patrząc na wspaniały owoc – chwałę, którą miał dać Mu Bóg i zbawienie rodzaju ludzkiego – Jezus mógł łatwo znieść okrucieństwo kary ukrzyżowania.

Oczywiście oczekiwanie na nagrodę jest zupełnie inne w przypadku człowieka, który kalkuluje i spodziewa się otrzymać coś w zamian, ponieważ coś dał od siebie. Nawet jeśli osoba, która kocha Boga nie otrzyma nagrody, jest gotowa oddać nawet własne życie. Jednakże, ufając Bogu Ojcu, który pragnie nam błogosławić i wierząc w Jego moc, jeśli szukamy błogosławieństw, nasze uczynki będą radością dla Boga. Bóg obiecał, że człowiek zbierze to, co zasiał, oraz że da tym, którzy szukają. Bóg raduje się naszymi darami składanymi w wierze w Jego Słowo, oraz wiarą, przez którą prosimy o Jego błogosławieństwa zgodnie z obietnicą.

4) Pozostałość ofiary pokarmowej należała do Aarona i jego synów

Podczas gdy ofiara całopalna była składana w całości i ofiarowana na ołtarzu, ofiara pokarmowa była przynoszone do kapłana i tylko jej część była składana Bogu w dymie ołtarza. Oznacza to, że podczas gdy mamy w pełni składać Bogu cześć w ramach nabożeństw uwielbieniowych, ofiary dziękczynne – ofiary pokarmowe – mają być składane Bogu po to, by mogły być wykorzystane dla Jego królestwa i sprawiedliwości, a ich części mają być wykorzystywane przez kapłanów, którzy są sługami Pana i pracownikami kościoła. W Liście do Galatów 6,6 czytamy: „Ten, kto pobiera naukę wiary, niech użycza ze wszystkich swoich dóbr temu, kto go naucza", kiedy członkowie kościoła, którzy otrzymali łaskę Bożą oddają mu ofiary dziękczynne, Boży słudzy, którzy nauczają Słowa, korzystają z ofiar dziękczynnych.

Ofiary pokarmowe są składane Bogu wraz z ofiarami całopalnymi i służą jako model życia w służbie, jakie prowadził sam Jezus. Dlatego, musimy z wiarą składać ofiary z całego naszego serca. Mam nadzieję, że każdy czytelnik będzie uwielbiać Boga w odpowiedni sposób zgodnie z Bożą wolą i otrzyma obfitość błogosławieństw każdego dnia, składając wonne ofiary Bogu, które są dla Niego przyjemnością.

Rozdział 5

Ofiara biesiadna

„Jeżeli kto chce złożyć dar z większego bydła jako ofiarę biesiadną, niech złoży zwierzę bez skazy, samca lub samicę przed Panem".

Ks. Kapłańska 3,1

1. Znaczenie ofiary biesiadnej

W Księdze Kapłańskiej 3 opisane są zasady związane z ofiarą biesiadną. Ofiara biesiadna wymaga zabicia zwierzęcia bez skazy, pokropienia krwią wokół boków ołtarza i złożenia w ofierze jego tłuszczu w dymie na ołtarzu jako wonności dla Boga. Podczas gdy procedury związane z ofiarą biesiadną są podobne do ofiary całopalnej, są pewne różnice. Niektórzy ludzie niewłaściwie rozumieją cel ofiary biesiadnej i uważają, że to sposób, by otrzymać przebaczenie za grzech; głównym celem ofiary zadośćuczynienia i ofiary za grzech jest przebaczenie grzechów. Ofiara biesiadna jest ofiarą, dzięki której osiągamy pokój z Bogiem, i w ramach której ludzie wyrażają wdzięczność, składają Bogu przysięgi i oddają się Bogu. Ofiara biesiadna jest składana osobno przez ludzi, których grzechy zostały wybaczone dzięki ofierze za grzech i ofierze całopalnej oraz którzy mają bezpośrednią i intymną relację z Bogiem. Jej celem jest osiągnięcie pokoju z Bogiem tak, by człowiek mógł w pełni zaufać Bogu w każdym aspekcie swojego życia.

Podczas gdy ofiara pokarmowa opisana w Ks. Kapłańskiej 2 jest uważana za ofiarę dziękczynną, jest konwencjonalną ofiarą dziękczynną składaną z wdzięczności do Boga, który ratuje, chroni i dostarcza nam codzienny chleb, ofiara ta różni się od ofiary biesiadnej, podobnie jak wdzięczność wyrażana w tej ofierze. Oprócz dziękczynienia, które okazujemy w niedzielę, oddajemy osobne ofiary dziękczynne, jeśli mamy coś szczególnego za co chcemy podziękować. W ofiarach biesiadnych zawarte są ofiary składane Bogu, by sprawić Mu radość, aby oddzielić się i uświęcić, by żyć zgodnie ze Słowem Bożym oraz otrzymać to, czego pragnie nasze serce.

Ofiara biesiadna ma wiele znaczeń, jednak najważniejszym jej celem jest zawarcie pokoju z Bogiem. Jeśli mamy pokój z Bogiem, Bóg daje nam siłę, byśmy żyli zgodnie z prawdą, odpowiada nam pragnienia naszego serca i daje nam łaskę, dzięki której możemy spełniać obietnice, które Mu złożyliśmy.

W 1 Jana 3,21-22 czytamy: „Umiłowani, jeśli serce nas nie oskarża, mamy ufność wobec Boga, i o co prosić będziemy, otrzymamy od Niego, ponieważ zachowujemy Jego przykazania i czynimy to, co się Jemu podoba", jeśli przychodzimy pewni do Boga, żyjąc zgodnie z prawdą, będziemy mieć z Nim pokój i doświadczymy Jego działania we wszystkim, o co Go poprosimy.

Jeśli będziemy składać Mu ofiary, jakże mógłby nam nie odpowiedzieć ani nam nie błogosławić?

Dlatego, ważne jest, byśmy odpowiednio zrozumieli znaczenie ofiary pokarmowej i ofiary biesiadnej i potrafili je rozróżnić, aby Bóg mógł z radością przyjmować nasze ofiary.

2. Ofiara biesiadna

W Ks. Kapł. 3,1 czytamy: „Jeżeli kto chce złożyć dar z większego bydła jako ofiarę biesiadną, niech złoży zwierzę bez skazy, samca lub samicę przed Panem". Bez względu na to, czy składamy baranka czy kozła, samca czy samicę, zwierzę musi być nieskazitelne (Ks. Kapł. 3,6.12).

Ofiarą całopalną może być cielec lub baranek bez skazy, ponieważ doskonała ofiara całopalna – w duchowym sensie – symbolizuje Jezusa Chrystusa, nieskazitelnego Syna Bożego.

Jednakże, kiedy składamy Bogu ofiary biesiadne, aby zawrzeć z Nim pokój, nie ma potrzeby rozróżniania między samcami i samicami, jeśli ofiara jest nieskazitelna. Brak różnicy wynika z słów zapisanych w Rzym. 5,1: „Dostąpiwszy więc usprawiedliwienia przez wiarę, zachowajmy pokój z Bogiem przez Pana naszego Jezusa Chrystusa". Dzięki krwi Jezusa przelanej na krzyżu nie ma różnicy między kobietami i mężczyznami, jeśli chodzi o zawieranie pokoju z Bogiem.

Kiedy Bóg nakazuje, że ofiara ma być bez skazy, pragnie, abyśmy składali ofiarę nie ze złamanym duchem, ale z sercem pięknego dziecka Bożego. Nie możemy dawać niechętnie ani szukając uznania; musimy dawać chętnie i z wiarą. Tylko ofiara nieskazitelna ma sens, jeśli składamy ofiarę dziękczynną za Bożą łaskę zbawienia. Ofiara składana Bogu oznacza nasze zaufanie do Niego w każdym aspekcie życia tak, że Bóg może nas chronić i być z nami przez cały czas, tak, byśmy mogli żyć zgodnie z Jego wolą, dając to co najlepsze i z całego serca.

Porównując ofiary całopalne i ofiary biesiadne, zauważamy ciekawą rzecz: w przypadku drugiej ofiary, wykluczone zostały gołębie. Dlaczego? Bez względu na to, jaki ktoś był biedny, ofiara całopalna musiała być składana przez wszystkich i dlatego Bóg dopuścił składanie gołębi, które miały bardzo małą wartość.

Na przykład, kiedy nowonawrócony człowiek o słabej wierze uczęszcza tylko na nabożeństwa niedzielne, Bóg uznaje to jako ofiarę całopalną. Podczas gdy ofiara całopalna jest w całości składana Bogu, kiedy wierzący żyją zgodnie ze Słowem Bożym, zachowują bezpośrednią i intymną więź z Bogiem, uwielbiają Boga w duchu i w prawdzie, kiedy nowonawrócony zachowuje dzień święty, Bóg uważa to za ofiarę z gołębia o małej wartości jako ofiarę całopalną i prowadzi go drogą zbawienia.

Jednakże, ofiara biesiadna nie jest ofiarą wymaganą, a dobrowolną. Oddawana jest Bogu, kiedy człowiek pragnie otrzymać odpowiedzi i błogosławieństwa, dzięki sprawianiu radości Bogu. Jeśli ofiarowany miał być gołąb o małej wartości, straciłoby to swoje znaczenie i cel jako ofiary szczególnej, dlatego gołębie zostały wykluczone.

Przypuśćmy, że osoba chciała złożyć ofiarę, aby wypełnić swoją obietnicę lub przysięgę, z powodu wielkiego pragnienia lub aby otrzymać uzdrowienia nieuleczalnej lub śmiertelnej choroby. Jakie powinno być serce człowieka składającego taką ofiarę? Będzie przygotowane jeszcze bardziej niż w przypadku ofiary dziękczynnej. Bóg będzie radował się, jeśli złożymy mu cielca lub w zależności od okoliczności, jeśli złożymy krowę, baranka lub kozła, jednak wartość gołębia jest zbyt mało znacząca.

Oczywiście, nie mówimy, że wartość ofiary zależy od jej wartości pieniężnej. Kiedy człowiek przygotowuje ofiarę ze szczerego serca i z uwagą w zależności od okoliczności, Bóg docenia wartość ofiary w oparciu o jej duchową woń.

3. Składanie ofiary biesiadnej

1) Położenie ręki na głowie ofiary biesiadnej i zabicie zwierzęcia w wejściu do Namiotu Spotkania

Kiedy człowiek położy rękę na głowie ofiary, którą zamierza złożyć w ofierze całopalnej w wejściu do Namiotu Spotkania, przenosi swoje grzechy na zwierzę. Kiedy człowiek składający ofiarę biesiadną kładzie rękę na jej głowie, oddziela zwierzę jako ofiarę dla Boga, namaszczając ją.

Aby ofiary, na których kładziemy ręce były przyjemnością dla Boga, nie możemy określać ich wartości według myśli cielesnych, ale według natchnienia Ducha Świętego. Tylko takie ofiary zostaną z radością przyjęte przez Boga – oddzielone i namaszczone.

Kiedy człowiek położył rękę na głowie ofiary, zabijał zwierzę w wejściu do Namiotu Spotkania. W czasach starotestamentowych, tylko kapłani mogli wejść do Miejsca Świętego, więc ludzie zabijali zwierzęta w wejściu do Namiotu Spotkania. Jednakże, ponieważ ściana grzechu między nami i Bogiem została zniszczona przez Jezusa Chrystusa, możemy wchodzić do świątyni, uwielbiać Boga i mieć z Nim bezpośrednią i intymną relację.

2) Synowie Aarona, kapłani, kropili krwią wokół ołtarza

W Ks. Kapł. 17,11 napisano: „Bo życie ciała jest we krwi, a Ja dopuściłem ją dla was [tylko] na ołtarzu, aby dokonywała przebłagania za wasze życie, ponieważ krew jest przebłaganiem za życie", a w Hebr. 9,22: „I prawie wszystko oczyszcza się krwią według Prawa, a bez rozlania krwi nie ma odpuszczenia / grzechów/" i przypomina nam, że możemy być oczyszczeni tylko dzięki krwi.

Składając ofiary biesiadne Bogu, aby mieć bezpośrednią i intymną relację z nim, konieczne było kropienie krwią, ponieważ bez krwi Jezusa Chrystusa nie możemy mieć pokoju z Bogiem. Kapłani kropili krwią wokół ołtarza, co oznacza, że gdziekolwiek zaprowadzą nas nasze stopy i bez względu na to, w jakich okolicznościach się znajdziemy, zawsze możemy mieć pokój z Bogiem. Kropienie krwią wokół ołtarza oznacza, że Bóg zawsze jest z nami, chodzi z nami, chroni nas i błogosławi nam, gdziekolwiek idziemy, cokolwiek robimy i kimkolwiek jesteśmy.

3) Ofiara biesiadna jest ofiarą ogniową dla Pana

W Ks. Kapłańskiej 3 czytamy o metodach składania ofiar nie tylko z cielców, ale również baranów i kozłów – są to ofiary biesiadne. Ponieważ metody są podobne, skupimy się na składaniu cielców w ofierze. Porównując ofiary biesiadne z ofiarami całopalnymi, wiemy, że wszystkie części zwierzęcia odartego ze skóry były składane w ofierze. Ofiary całopalne oznaczają nabożeństwo uwielbieniowe, a ponieważ uwielbienie jest w pełni oddawane Bogu, ofiara jest spalana kompletnie.

Ofiara biesiadna • 91

Jednakże, składając ofiary biesiadne, nie wszystkie części zwierzęcia są oddawane w ofierze. W Ks. Kapł. 3,3-4 czytamy: „Potem złoży z ofiary biesiadnej ofiarę spalaną dla Pana, to jest tłuszcz, który okrywa wnętrzności, i cały tłuszcz, który jest nad nimi, a także obie nerki i tłuszcz, który je okrywa, który sięga do lędźwi, oraz płat tłuszczu, który jest na wątrobie - przy nerkach go oddzieli", tłuszcz pokrywający ważne części wnętrzności zwierzęcia jest składany w ofierze Bogu jako woń. Składanie tłuszczu różnych części zwierzęcia w ofierze oznacza, że musimy mieć pokój z Bogiem, gdziekolwiek jesteśmy i bez względu na okoliczności, w jakich się znajdujemy.

Pokój z Bogiem wymaga również, abyśmy mieli pokój z ludźmi i dążyli do świętości. Tylko, jeśli mamy pokój z ludźmi, możemy stać się doskonałymi dziećmi Bożymi (Mat. 5,46-48).

Po usunięciu tłuszczu z ofiary, części dla kapłanów zostają odsunięte. W Ks. Kapł. 7,34 czytamy: „Bo mostek kołysania i łopatkę podniesienia biorę od Izraelitów z ich ofiar biesiadnych i daję je Aaronowi kapłanowi i jego synom, jako należność wieczystą od Izraelitów". Tak, jak części ofiary pokarmowej trafiały do kapłanów, tak części ofiary biesiadnej składanej Bogu były zachowywane dla kapłanów i Lewitów, którzy służyli Bogu i Jego ludowi.

Tak samo jest w czasach nowotestamentowych. Poprzez ofiary składane Bogu przez ludzi wierzących, praca Boga dla zbawienia dusz jest realizowana, a słudzy Pana i pracownicy kościoła mają z czego żyć. Po usunięciu części dla Boga i kapłanów, pozostałe części były zjadane przez człowieka, który składał ofiarę; było to typowe i wyjątkowe dla ofiary biesiadnej. To, że osoba składająca ofiarę zjadała jej część oznaczało, że Bóg uzna ofiarę za godną, odpowiadając na modlitwy i zsyłając błogosławieństwa.

4. Zasada związana z tłuszczem i krwią

Kiedy zwierzę było zabijane jako ofiara dla Boga, kapłan kropił krwią wokół ołtarza. Co więcej, ponieważ sadło i tłuszcz należały do Pana, były uważane za poświęcone i składano je w ofierze dymnej na ołtarzu jako woń dla Boga. Ludzie w czasach starotestamentowych nie jedli tłuszczu ani krwi, ponieważ tłuszcz i krew były związane z życiem. Krew reprezentuje życie ciała, a tłuszcz reprezentuje istotę ciała, czyli również życie. Tłuszcz ułatwia funkcjonowanie organizmu i życie.

Jakie jest duchowe znaczenie tłuszczu?

Tłuszcz oznacza głównie troskę doskonałego serca. Oddawanie tłuszczu w postaci ofiary ogniowej oznacza, że oddajemy Bogu wszystko, co mamy i wszystko, czym jesteśmy. Odnosi się to do troski i serca, z jakim człowiek składa ofiarę Bogu. Podczas, gdy cel składania ofiary dziękczynnej na ołtarzu, by uzyskać spokój z Bogiem i poświęcenie Bogu są ważne, jeszcze ważniejsze jest serce i stopień troski, z jaką składana jest ofiara. Jeśli człowiek, który uczynił coś złego w oczach Bożych składa ofiarę, by mieć pokój z Bogiem, ofiara zostanie złożona z większym poświęceniem i jeszcze bardziej z głębi serca.

Oczywiście, przebaczenie grzechów wymaga składania ofiary za grzechy lub ofiary zadośćuczynienia. Jednakże, są chwile, kiedy człowiek ma nadzieję wznieść się wyżej niż przebaczenie grzechów i zawrzeć pokój z Bogiem, sprawiając Mu przyjemność. Na przykład, kiedy dziecko zrobiło coś złego w stosunku do swojego taty i głęboko go zraniło, serca taty będzie złamane i pokój uda się osiągnąć dopiero, kiedy dziecko podejmie wysiłki, by zrobić przyjemność tacie zamiast tylko powiedzieć, że przeprasza i otrzymać przebaczenie za złe czyny. Ponadto, tłuszcz odnosi się do modlitwy i pełni Ducha Świętego. W Ew. Mateusza 25 opisanych jest pięć mądrych panien, które wraz ze swoimi lampami zabrały oliwę oraz pięć głupich panien, które nie zabrały oliwy i przez to nie mogły zostać wpuszczone na wesele. Oliwa w sensie duchowym odnosi się do modlitwy i pełni Ducha Świętego. Tylko, kiedy otrzymujemy pełnię Ducha Świętego dzięki modlitwie i jesteśmy czujni, możemy uniknąć splamienia pożądliwością. Będziemy czekać na naszego Pana, Oblubieńca, będąc przygotowanymi jako piękne oblubienice.

Ofierze biesiadnej musi towarzyszyć modlitwa, aby Bóg się radował i odpowiedział na nasze modlitwy. Modlitwa nie może być formalnością; musi być zanoszona prosto z serca i ze wszystkim co mamy, ze wszystkim, kim jesteśmy, ponieważ Jezus pocił się kroplami krwi, upadł na ziemię i modlił się w Getsemane. Każdy, kto modli się w ten sposób z pewnością walczy z grzechem i odrzuci go, stanie się uświęcony i otrzyma natchnienie i pełnię Ducha Świętego. Kiedy taka osoba składa Bogu ofiarę biesiadną, Bóg raduje się i z przyjemnością odpowiada.

Ofiara biesiadna jest ofiarą składaną Bogu w pełnym zaufaniu tak, byśmy mogli prowadzić cenne życie w Jego obecności i pod Jego ochroną. Zawierając pokój z Bogiem, musimy odwrócić się od naszych dróg, które są dla Niego obrzydliwością; musimy składać Mu ofiary z całego serca i z radością, przyjmując pełnię Ducha Świętego w modlitwie. Będziemy pełni nadziei na niebo i będziemy prowadzić zwycięskie życie, mając pokój z Bogiem. Mam nadzieję, że każdy czytelnik otrzyma odpowiedzi na swoje modlitwy i Boże błogosławieństwa, modląc się pod natchnieniem i w pełni Ducha Świętego z całego serca i składając Mu ofiary biesiadne, miłe w Jego oczach.

Rozdział 6

Ofiara za grzechy

„To powiedz Izraelitom: Jeżeli kto przez nieuwagę zgrzeszy przeciwko jednemu z przykazań Pana, zabraniających jakiejś czynności, to jest postąpi wbrew jednemu z przykazań: jeżeli ten grzech popełni namaszczony kapłan, tak że jego wina spada na lud, to złoży Panu jako ofiarę przebłagalną za grzech, który popełnił, młodego cielca bez skazy".

Ks. Kapł. 4,2-3

1. Znaczenie i rodzaje ofiary za grzechy

Dzięki naszej wierze w Jezusa i Jego przelaną krew, nasze grzechy zostały przebaczone i możemy otrzymać zbawienie. Jednakże, aby nasza wiara została uznana za prawdziwą, nie możemy wyznawać jej tylko ustami, ale manifestować czynami i realnością. Kiedy manifestujemy przed Bogiem nasze uczynki wiary, które uznaje Bóg, docenia naszą wiarę i przebaczy nasze grzechy.

W jaki sposób możemy otrzymać przebaczenie grzechów przez wiarę? Oczywiście, każde dziecko Boże musi chodzić w światłości i nie grzeszyć. Jeśli między Bogiem a grzesznikiem, które popełnił grzech stoi mur, człowiek musi znać rozwiązania i postępować zgodnie z nimi. Rozwiązania znajdują się w Słowie Bożym i dotyczą ofiar za grzech.

Ofiara za grzech jest ofiarą składaną Bogu jako pokuta za grzechy, które popełniliśmy w naszym życiu. Metody różnią się w zależności od naszych obowiązków, które otrzymaliśmy od Boga oraz indywidualnej miary wiary. W Ks. Kapł. 4 czytamy o ofiarach za grzechy składnych przez wyznaczonych do tego kapłanów, całe zgromadzenie, przywódcę i zwykłych ludzi.

2. Ofiara za grzechy składana przez wyznaczonego kapłana

W Ks. Kapł. 4,2-3 czytamy, że Bóg rzekł do Mojżesza: „To powiedz Izraelitom: Jeżeli kto przez nieuwagę zgrzeszy przeciwko jednemu z przykazań Pana, zabraniających jakiejś czynności, to jest postąpi wbrew jednemu z przykazań: jeżeli ten grzech popełni namaszczony kapłan, tak że jego wina spada na lud, to złoży Panu jako ofiarę przebłagalną za grzech, który popełnił, młodego cielca bez skazy".

Izraelici w sensie duchowym odnoszą się do wszystkich dzieci Bożych. „Jeżeli kto przez nieuwagę zgrzeszy przeciwko jednemu z przykazań Pana, zabraniających jakiejś czynności, to jest postąpi wbrew jednemu z przykazań" odnosi się do sytuacji, kiedy Boże prawo zapisane w 66 księgach Biblii, zostaje przestąpione.

Kiedy kapłan, lub w dzisiejszych czasach pastor, który głosi Słowo Boże, przestępuje prawo Boże, kara za grzech dotyka również innych ludzi. Ponieważ nie nauczył swojej trzody postępować zgodnie z prawdą ani sam nie żył zgodnie z prawdą, jego grzech jest grzechem śmiertelnym; nawet jeśli popełnił grzech nieświadomie, nie jest to mniej żenujące, że pastor nie zna woli Bożej.

Przykładowo, jeśli pastor naucza prawdy, jego trzoda wierzy jego słowom; jeśli postąpi niezgodnie z wolą Bożą i zaprzecza słowom Boga, między całym kościołem a Bogiem powstanie mur grzechu. Bóg mówi nam: „Bądźcie świętymi", „Trzymajcie się z dala od wszelkiego zła", „Módlcie się bez ustanku". Co by było, gdyby pastor powiedział: „Jezus odkupił nas z wszystkich naszych grzechów. Będziemy zbawieni, jeśli będziemy chodzić do kościoła"? W Ew. Mat. 15,14 Jezus rzekł: „Lecz jeśli ślepy ślepego prowadzi, obaj w dół wpadną", kara za grzech pastora jest większa, ponieważ w takiej sytuacji i pastor i trzoda oddalają się od Boga. Jeśli pastor grzeszy, „ściąga winę na lud" i musi złożyć Bogu ofiarę za grzechy.

1) Cielec bez skazy jako ofiara za grzechy

Kiedy namaszczony kapłan grzeszy, „ściąga winę na lud", i musi być świadomy, że kara za jego grzech jest większa. W 1 Sam. 2-4czytamy o tym, co stało się z synami Heliego, kapłana, którzy popełnili grzech, zabierając ofiary składane Bogu dla własnej korzyści. Kiedy Izrael przegrał wojnę z Filistynami, synowi Heliego zostali zabici wraz z 30 000 żołnierzy izraelskich. Arka przymierza została zabrana, a cały Izrael musiał cierpieć. Dlatego ofiary pokutne muszą być najbardziej wartościowe ze wszystkich: cielec bez skazy. Pośród wszystkich ofiar, Bóg najchętniej przyjmuje cielce i baranki; wartość cielców jest większa. Składając ofiarę za grzechy, kapłan musi złożyć cielca bez skazy; w sensie duchowym oznacza to, że ofiary nie mogą być składane niechętnie lub bez radości; każda ofiara musi być żywą ofiarą.

2) Składanie ofiary za grzechy

Kapłan przyprowadza cielca, który ma być złożony jako ofiara za grzechy do wejścia do Namiotu Spotkania przed Pana; kładzie rękę na zwierzęciu, zabija go, zabiera trochę krwi i przynosi do Namiotu Spotkania, zanurza palce w krwi i kropi siedem razy przed Panem przez zasłoną w Miejscu Świętym (Ks. Kapł. 4,4-6). To, że kapłan kładzie rękę na zwierzęciu oznacza, że przenosi ludzkie grzechy na zwierzę. Człowiek, który popełnił grzech powinien umrzeć, jednak kładąc rękę na głowie ofiary, człowiek otrzymuje przebaczenie grzechów przenosząc je na zwierzę, a następnie zabijając je.

Kapłan bierze krew, zanurza w niej palce i kropi w Miejscu Świętym wewnątrz Namiotu Spotkania, przed zasłoną Miejsca Świętego. Zasłona jest gruba i oddziela Miejsce Święte od Najświętszego. Ofiary zazwyczaj nie są składane w Miejscu Świętym, ale na ołtarzu na dziedzińcu świątyni; jednakże, kapłan wchodzi do Miejsca Świętego z krwią i krowi nią przed zasłoną Miejsca Świętego, przed wejściem do Miejsca Najświętszego, w którym mieszka Bóg.

Zanurzenie palców w krwi oznacza błaganie o przebaczenie. Symbolizuje człowieka, który żałuje swojego grzechu nie tylko ustami, ale okazuje skruchę i odrzuca zło. Zanurzenie palców we krwi i kropienie siedem razy w rzeczywistości duchowej oznacza, że człowiek całkowicie odrzuca grzech. Możemy otrzymać doskonałe przebaczenie, tylko jeśli w pełni odrzucimy grzech i nie będziemy więcej grzeszyć.

Kapłan smaruje krwią rogi ołtarza kadzidlanego przed Panem w Namiocie Spotkania, a następnie wylewa krew u podstawy ołtarza całopaleń w wejściu do Namiotu Spotkania (Ks. Kapł. 4,7). Ołtarz kadzidlany jest ołtarzem przygotowanym do spalania kadzidła, którego woń przyjmuje Bóg. Rogi w Biblii reprezentują króla, godność i władzę; odnoszą się do Króla, naszego Boga (Ap. 5,6). Posmarowanie krwią rogów ołtarza kadzidlanego służy jako symbol tego, że ofiara została przyjęta przez Boga, naszego Króla.

W jaki sposób możemy okazać skruchę, która zostanie przyjęta przez Boga? Wcześniej wspomnieliśmy, że grzech i zło były odrzucane poprzez zanurzenie palców we krwi ofiary za grzechy. Kiedy zastanowimy się na sobą i okażemy skruchę za nasze grzechy, musimy przyjść do świątyni i wyznać grzechy w modlitwie. Tak jak rogi ołtarza miały zostać posmarowane krwią, aby ofiara mogła zostać przyjęta przez Boga, tak musimy przyjść do Boga, naszego Króla i modlić się do Niego w pokorze. Musimy przyjść do świątyni, uklęknąć i modlić się w imieniu Jezusa pod natchnieniem Ducha Świętego, który daje nam ducha skruchy.

Nie chodzi o to, że musimy czekać, by okazać skruchę aż przyjdziemy do świątyni. Kiedy zorientujemy się, że postąpiliśmy niezgodnie z wolą Bożą, musimy okazać skruchę i zawrócić ze złej drogi Przyjście do świątyni odnosi się do Szabatu, Dnia Pańskiego.

Tylko namaszczony kapłan mógł komunikować się z Bogiem w czasach starotestamentowych, jednak teraz kiedy Duch Święty zamieszkał w naszych sercach, możemy modlić się i mieć bezpośrednią i intymną relację z Bogiem. Dzięki Duchowi Świętemu potrafimy okazać skruchę i modlić się. Pamiętajcie, że modlitwa jest pełna tylko wtedy, gdy zachowujemy Święty Dzień Pański.

Człowiek, który nie zachowuje Pańskiego Dnia, nie ma dowodu na to, że jego dzieckiem Bożym i nie może otrzymać przebaczenia, nawet jeśli modli się i okazuje skruchę. Skrucha zostanie przyjęta przez Boga bez wątpienia, nie tylko kiedy się modlimy i okazujemy skruchę z powodu popełnionych grzechów, ale również kiedy błagamy o przebaczenie w świątyni Bożej w Dniu Świętym.

Kiedy rogi ołtarza kadzidlanego zostały posmarowane krwią, krew była wylewana u podstawy ołtarza całopalenia. W ten sposób cała krew zostaje ofiarowana Bogu, krew – czyli życie ofiary, co duchowo oznacza skruchę z całego serca. Otrzymanie przebaczenia grzechów popełnionych przeciwko Bogu wymaga skruchy z całego serca, umysłu i szczerych wysiłków. Każdy, kto szczerze okazuje skruchę, nie będzie chciał ponownie grzeszyć.

Następnie kapłan usuwa tłuszcz z cielca i składa go w dymie na ołtarzu całopalenia; tak jak w przypadku ofiary biesiadnej, i wynosi poza obóz, gdzie wysypywany jest popiół, a następnie spala ciało cielca wraz z głową, nogami i wnętrznościami (Ks. Kapł. 4,8-12). „Ofiara w dymie" oznacza, że ofiara składana jest w prawdzie, a człowiek niszczy swoje ja tak, że zostaje tylko prawda.

Tak jak usuwany jest tłuszcz z ofiary biesiadnej, tak tłuszcz z ofiary za grzechy jest usuwany i składany w dymie na ołtarzu. Składanie tłuszczu w ofierze na ołtarzu oznacza, że skrucha wypływa prosto z serca i zostanie przyjęta przez Boga.

Podczas gdy całość ofiary całopalnej była ofiarowywana w dymie na ołtarzu, w przypadku ofiary za grzechy wszystkie części ofiary oprócz tłuszczu i nerek były spalane w ogniu poza obozowiskiem, gdzie wysypywany był popiół. Dlaczego?

Ofiara całopalna miała na celu uwielbienie Boga i zbudowanie więzi z Nim, dlatego była składana na ołtarzu w świątyni. Jednakże, ofiara za grzechy miała odkupić nas od grzechu, dlatego nie mogła być składana na ołtarzu w świątyni i była spalana kompletnie z dala od miejsc, gdzie mieszkali ludzie.

Dziś również musimy starać się, by odrzucić grzech i okazać skruchę przez Bogiem. Musimy spalić w ogniu Ducha Świętego arogancję, dumę, stare ja, grzeszne czyny, które są niewłaściwe w oczach Bożych itd. Ofiara składana w dymie – cielec – niosła na sobie grzechy człowieka, który położył na niej rękę. Dlatego od tamtej chwili, człowiek mógł stanąć przed Bogiem jako żywa ofiara, będąca radością dla Boga.

Co mamy robić dzisiaj?

Duchowe znaczenie cech cielca i cech Jezusa, który umarł, aby odkupić nas z grzechu zostały wyjaśnione wcześniej. Dlatego, jeśli okazaliśmy skruchę i złożyliśmy ofiarę w dymie jako ofiarę dla Boga, musimy zostać przemienieni tak, jak Nasz Pan, który stał się ofiarą za grzechy. Służąc gorliwie w kościele w imieniu naszego Pana, musimy pozwalać innym zrzucić swój ciężar i przekazywać im prawdę i dobro. Poświęcając się dla innym i pomagając członkom kościoła pielęgnować ich relację z Bogiem, ich wytrwałość i modlitwę, musimy pomóc naszym braciom i siostrom zmienić się w prawdziwie uświęcone dzieci Boże. Bóg uzna skruchę i poprowadzi ich ścieżką błogosławieństw.

Mimo, że nie jesteśmy apostołami, jak opisano w 1 Piotra 2,9: „Wy zaś jesteście wybranym plemieniem, królewskim kapłaństwem, narodem świętym, ludem [Bogu] na własność przeznaczonym", wszyscy, którzy wierzymy w naszego Pana musimy stać się doskonałymi jak kapłani i stać się prawdziwymi dziećmi Boga.

Co więcej, ofierze składanej Bogu musi towarzyszyć skrucha za grzechy. Każdy, kto głęboko żałuje za swoje grzechy, będzie naturalnie chciał złożyć ofiarę, i kiedy takich uczynkom towarzyszy odpowiednio nastawione serce, człowiek rzeczywiście pragnie okazać skruchę przed Bogiem.

3. Ofiara za grzechy całego zgromadzenia

"Jeżeli zaś cała społeczność Izraela zawini przez nieuwagę i sprawa ta będzie ukryta przed oczami zgromadzenia, mianowicie to, że uczynili coś sprzecznego z przykazaniami Pana, i w ten sposób zawinili, a potem grzech, który popełnili, wyjdzie na jaw, w takim razie zgromadzenie przyprowadzi przed Namiot Spotkania młodego cielca jako ofiarę przebłagalną" (Ks. Kapł. 4,13-14).

W dzisiejszych czasach grzech całego zgromadzenia donosi się do grzechów całego kościoła. Na przykład, są sytuacje, kiedy w kościele pojawiają się odłamy między pastorami, starszymi, diakonami – takie sytuację są kłopotliwe dla całego zgromadzenia. Kiedy pojawiają się rozłamy, dochodzi do sporów, a kościół grzeszy, co sprawia, że między kościołem i Bogiem powstaje mur grzechu, ponieważ większość członków kościoła jest pochłoniętych konfliktem, mówią źle o sobie nawzajem i okazują negatywne uczucia.

Bóg powiedział nam, byśmy kochali swoich wrogów, służyli innym, uniżyli samych siebie i mieli pokój z ludźmi, dążąc do świętości. Jakże przykre dla Boga jest to, kiedy słudzy Pańscy i ich trzoda nie są zjednoczeni, a bracia i siostry w Chrystusie pozostają w konflikcie? Jeśli takie sytuacje mają miejsce w kościele, kościół nie ma Bożej opieki; nie będzie ożywienia, a trudności będą mnożyć się w domach i w pracy.

Jak możemy otrzymać przebaczenie grzechów całego zgromadzenia? Jeśli całe zgromadzenie popełni grzech, należy przyprowadzić cielca przed Namiot Spotkania. Starsi położą ręce na głowie zwierzęcia, zabiją je przed Panem i złożą w ofierze tak, jak czyni to kapłan. Ofiara za grzech kapłanów i całego zgromadzenia jest tak samo cenna i wartościowa. Oznacza to, że w oczach Bożych powaga grzechu kapłanów i całego zgromadzenia jest jednakowa.

Jednak, ofiara za grzechy kapłanów to cielec bez skazy, natomiast w przypadku grzechów całego zgromadzenia, ofiarą ma być cielec, ponieważ niełatwo jest, by całe zgromadzenie było jednomyślne i składało ofiary z wdzięcznością i radością.

Kiedy kościół zgrzeszy i chce okazać skruchę, może się okazać, że niektórzy członkowie nie mają wiary lub nie chcą okazać skruchy, ponieważ w ich sercu jest niepewność. Ponieważ trudno jest, by całe zgromadzenie złożyło ofiarę bez skazy, Bóg okazuje miłosierdzie w tym aspekcie. Nawet jeśli niektórzy ludzie nie potrafią złożyć ofiary z całego serca, kiedy większość członków kościoła okazuje skruchę i odwraca się od zła, Bóg przyjmuje ofiarę i przebacza.

Ponieważ nie każdy członek zgromadzenia może położyć rękę na głowie ofiary, starsi zgromadzenia w imieniu zgromadzenia kładą ręce na zwierzęciu. Pozostałe procedury są takie same, jak w przypadku ofiary za grzechy kapłanów, poczynając od zanurzenia palców we krwi, kropienia krwią siedem razy przez zasłoną w Miejscu Świętym, smarowanie rogów ołtarza krwią, aż po spalanie ofiary poza obozem. Duchowe znaczenie tych procedur obejmuje całkowite odwrócenie się od grzechu. Musimy modlić się ze skruchą w imieniu Jezusa pod natchnieniem Ducha Świętego w Bożej Świątyni, aby nasza skrucha została przyjęta. Jeśli całe zgromadzenie okażę skruchę z całego serca, grzech nie zostanie popełniony ponownie.

4. Ofiara za grzechy przywódcy

W Ks. Kapł. 4,22-24 czytamy:

"Jeżeli zgrzeszy naczelnik rodu i przez nieuwagę przestąpi jedno z przykazań Pana, Boga swego, i w ten sposób zawini, i jeżeli zwrócę mu uwagę na jego grzech, który popełnił, to przyprowadzi w darze koziołka bez skazy. Potem włoży rękę na głowę koziołka, i zabiją go na miejscu, gdzie zabija się ofiary całopalne przed Panem. To jest ofiara przebłagalna".

Mimo, że przywódcy są niżsi rangą niż kapłani, jednak prowadzą lud i różnią się od zwykłych ludzi. Dlatego, przywódcy mają składać Bogu w ofierze kozły. Ofiara jest mniejsza niż cielec, jednak większa niż koza składana przez zwykłych ludzi.

W dzisiejszych czasach przywódcy członkowie kościoła pełniący funkcje liderów zespołu lub komórki lub nauczyciele szkoły niedzielnej. Przywódcy prowadzą członków kościoła. W przeciwieństwie do laików lub nowicjuszy w wierze, zostali wybrani przez Bogiem i nawet jeśli został popełniony ten sam grzech, przywódcy muszą okazać większą skruchę.

W przeszłości, przywódcy kładli ręce na głowie kozła bez skazy, przenosząc swój grzech na kozła i zabijając go. Przywódcy otrzymywali przebaczenie, kiedy kapłan zanurzył palce we krwi, posmarował rogi ołtarza całopalenia i wylał resztę krwi u podstawy ołtarza całopalenia. Tak jak w przypadku ofiary biesiadnej, tłuszcz ofiary był składany w dymie na ołtarzu.

W przeciwieństwie do kapłana, przywódca nie kropił krwią ofiary siedem razy przed zasłoną Miejsca Świętego; manifestował swoją skruchę, smarując krwią rogi ołtarza całopalenia, a Bóg przyjmował jego ofiarę, ponieważ miary wiary kapłana i przywódcy są różne. Ponieważ kapłan miał już nigdy nie grzeszyć, kiedy okazał skruchę, miał kropić krwią siedem razy, ponieważ jest to liczba doskonała w duchowym sensie.

Z kolei, przywódca może ponownie nieświadomie zgrzeszyć i z tego powodu, nie musi kropić krwią siedem razy. Jest to znakiem miłości i łaski Boga, który pragnie, by każdy okazał skruchę zgodnie z poziomem wiary i przyjął przebaczenie. Dlatego omawiając ofiarę za grzechy, kapłan odnosi się do pastora, a przywódca do pracownika na stanowisku kierowniczym. Jednakże, te odniesienia nie są ograniczone tylko do obowiązków danych przez Boga, ale również do miary wiary każdego człowieka.

Pastor powinien być uświęcony wiarą i dopiero wtedy zostanie mu powierzona opieka nad trzodą. To naturalne, że osoba, która kieruje innymi, jak lider zespołu czy jednostki lub nauczyciel szkoły niedzielnej, ma inny poziom wiary niż zwykły człowiek nawet jeśli jeszcze nie osiągnęła doskonałej świętości. Ponieważ poziom wiary różni się w przypadku pastora i przywódcy oraz zwykłego członka, znaczenie grzechy i poziom skruchy potrzebnej do otrzymania przebaczenie również różnią się pomimo tego samego grzechu.

Nie chodzi o to, że człowiek wierzący może myśleć, że skoro jego wiara nie jest doskonała, Bóg dam mu kolejną szansę, nawet jeśli ponownie zgrzeszy. Przebaczenie Boże otrzymywane dzięki skrusze nie zostanie dane człowiekowi, który świadomie grzeszy, a tylko osobie, która grzechy nieświadomie i uświadamia sobie swój grzech, a następnie błaga o przebaczenie. Co więcej, kiedy człowiek popełnia grzech i okazuje skruchę, Bóg przyjmuje jego skruchę tylko, jeśli człowiek ten gorliwie modli się, by ponownie nie popełnić tego grzechu.

5. Ofiara za grzechy zwykłych ludzi

Zwykli ludzie to ludzie małej wiary lub zwykli członkowie kościoła. Kiedy zwykły człowiek popełnia grzech, czyni to, ponieważ jego wiata jest mała, i waga jego grzechu również jest mniejsza niż w przypadku kapłana czy przywódcy. Zwykły człowiek ma złożyć Bogu ofiarę w postaci kozy, która ma mniejszą wartość niż kozioł, bez skazy. Tak, jak w przypadku ofiary za grzechy kapłana lub przywódcy, kapłan zanurza palce we krwi, smaruje rogi ołtarza całopalenia i resztę krwi wylewa u podstawy ołtarza.

Prawdopodobne jest to, że zwykły człowiek może ponownie zgrzeszyć z powodu małej wiary, jeśli żałuje za grzech i przychodzi do Boga ze skruchą, Bóg okazuje miłosierdzie i przebacza. Co więcej, Bóg polecił, aby w ofierze złożona została koza, dlatego wiemy, że grzechy popełnione przez ludzi o małej wierze łatwiej przebaczyć niż grzechy, za które składany jest kozioł lub baranek. Nie oznacza to, że Bóg dopuszcza umiarkowaną skruchę; człowiek musi przyjść do Boga z prawdziwą skruchą, starając się nigdy więcej nie popełnić grzechu.

Kiedy człowiek o małej wierze uświadamia sobie i okazuje skruchę za grzech, stara się nie grzeszyć, częstotliwość popełniania grzechu z pewnością się zmniejszy, aż odrzuci grzech w zupełności. Bóg przyjmuje skruchę, której towarzyszą owoce. Nie przyjmuje skruchy, nawet od osoby nowonawróconej, jeśli skrucha polega tylko na wyznawaniu ustami, a serce pozostaje nienawrócone.

Bóg raduje się wiarą człowieka nowonawróconego, który okazuje skruchę za swoje grzechy i stara się je odrzucić. Zamiast upewniać się, że jego wiara jest odpowiednia i wystarczająca, nie tylko w ramach skruchy, ale i w modlitwie, uwielbieniu i każdym aspekcie chrześcijańskiego życia, kiedy człowiek stara się wzrastać, odczuje więcej Bożej miłości i otrzyma więcej błogosławieństw.

Kiedy człowiek nie mógł pozwolić sobie na złożenie w ofierze kozy i składał owieczkę, musiała ona również być bez skazy (Ks. Kapł. 4,32). Biedni składali w ofierze synagorlice lub gołębie, a jeszcze biedniejsi niewielką ilość mąki (Ks. Kapł. 5,7.11). Bóg sprawiedliwości przyjmował ofiary za grzech zgodnie z miarą wiary każdego człowieka.

Omówiliśmy dokładnie to, w jaki sposób możemy okazać skruchę i osiągnąć pokój z Bogiem, badając ofiary za grzechy składane Bogu przez ludzi różnej rangi i pełniących różne obowiązku. Mam nadzieję, że każdy czytelni zawsze pokój z Bogiem, będąc wierny swoim obowiązkom i wzrastając w wierze, żałując za grzechy, jeśli zdarza się je popełnić podczas dążenia do Boga.

Rozdział 7

Ofiara zadośćuczynienia

„Jeżeli kto popełnił nieuczciwość i zgrzeszy przez nieuwagę przywłaszczając sobie rzeczy poświęcone Panu, to przyniesie jako swoje zadośćuczynienie dla Pana baranka bez skazy, wziętego spośród drobnego bydła, którego wartość wynosiłaby według oszacowania dwa sykle srebra według wagi przybytku na ofiarę zadośćuczynienia"

Ks. Kapł. 5,15

1. Znaczenie ofiary zadośćuczynienia

Ofiara zadośćuczynienia składana była Bogu, aby zadośćuczynić za popełniony grzech. Kiedy lud izraelski grzeszył przeciwko Bogu, musiał złożyć ofiarę zadośćuczynienia i okazać skruchę. W zależności od rodzaju grzechu, osoba, która popełniła grzech musiała nie tylko odwrócić się od zła, ale również ponieść odpowiedzialność za swoje złe czyny. Przykładowo, osoba pożyczyła coś od przyjaciela, jednak przypadkowo uszkodziła pożyczoną rzecz. Osoba ta nie mogła po prostu przeprosić, ale również wynagrodzić stratę. Jeśli osoba ta nie mogła wynagrodzić straty, musiała zapłacić kwotę wartości danego przedmiotu. To była prawdziwa skrucha.

Składanie ofiary zadośćuczynienia reprezentuje zawierania pokoju poprzez rekompensatę i przyjęcia odpowiedzialności. To samo ma zastosowanie przed Bogiem. Musimy zadośćuczynić za szkody wyrządzone braciom i siostrom w Chrystusie, musimy okazać skruchę w działaniu, aby skrucha była pełna.

2. Okoliczności i metody składania ofiary zadośćuczynienia

1) Jeśli człowiek złożył fałszywe świadectwo

W Ks. Kapł. 5,1 czytamy: „Jeżeli kto zgrzeszy przez to, że usłyszawszy zaklęcie i mogąc zaświadczyć o przestępstwie, które widział lub znał, nie uczyni tego i w ten sposób zawini". Są sytuacje, kiedy ludzi, pomimo że przysięgli mówić prawdę, złożyli fałszywe świadectwo, chroniąc własne interesy. Na przykład, przypuśćmy, że twoje dziecko popełniło przestępstwo, a niewinna osoba została oskarżona. Jeśli miałbyś złożyć zeznanie, czy powiedziałbyś prawdę? Jeśli nie powiedziałbyś prawdy, żeby chronić swoje dziecko, szkodząc innej osobie, ludzie mogą nie poznać prawdy, jednak Bóg widzi wszystko.

Dlatego, świadek musi zeznawać dokładnie to, co wydział i słyszał, aby upewnić się w sprawiedliwej rozprawie nikt nie ucierpi niesprawiedliwie.

Tak samo jest w naszym codziennym życiu. Wielu ludzi nie potrafi poprawnie przekazywać tego, co widzieli i słyszeli i według własnego osądu przekazują niepoprawne informacje. Inni przekazują fałszywe świadectwa, wymyślając historie tak, jakby miały miejsce w rzeczywistości. Z powodu takich fałszywych świadectw, niewinni ludzie są fałszywie oskarżani o przestępstwa, których nie popełnili i cierpią niesprawiedliwie. W Jak. 4,17 czytamy: „Kto zaś umie dobrze czynić, a nie czyni, grzeszy". Boże dzieci, które znają prawdę muszą umieć odróżniać prawdę i przekazywać prawdziwe świadectwa, aby inni nie musieli stawiać czoła trudnościom lub być narażeni na szkodę.

Jeśli dobroć i prawda mieszkają w naszych sercach, zawsze będziemy mówić prawdę. Nie będziemy źle wypowiadać się o innych, nie będziemy zniekształcać prawdy ani podawać niewłaściwych odpowiedzi. Jeśli ktoś rani innych, unikając wypowiedzi, kiedy jest to wymagane lub składając fałszywe świadectwo, musi złożyć Bogu ofiarę zadośćuczynienia.

2) Jeśli człowiek zetknie się z czymś nieczystym

W Ks. Kapł. 5,2-3 czytamy:

„Albo jeżeli kto dotknie się czegoś nieczystego, na przykład padliny nieczystego dzikiego zwierzęcia albo padliny nieczystego domowego zwierzęcia, albo padliny nieczystego płazu, i nie uświadomi sobie tego, że stał się nieczystym i winnym, albo jeżeli kto dotknie się jakiejś nieczystości ludzkiej, jakiejkolwiek rzeczy, która może uczynić nieczystym, i z początku nie uświadomi sobie tego, a potem spostrzeże, że zawinił".

Nieczyste rzeczy odnoszą się do złych zachowań, które są sprzeczne z prawdą. Takie zachowania obejmują wszystko, co widzimy, słyszymy lub mówimy oraz to, co czujemy ciałem i sercem. Są rzeczy, których zanim poznaliśmy prawdę, nie uważaliśmy za grzeczne. Jednak, kiedy poznaliśmy prawdę, zaczęliśmy uważać je za niewłaściwe w oczach Bożych. Na przykład, kiedy nie znaliśmy Boga, mogliśmy natknąć się na materiały pełne przemocy lub pornografii, jednak nie byliśmy świadomi, że są nieczyste. Jednakże, kiedy rozpoczynamy życie w Chrystusie, wiemy, że takie rzeczy są niezgodne z prawdą. Kiedy uświadamiamy sobie, że zrobiliśmy coś, co Bóg uważa za nieczyste i niezgodne z prawdą, musimy okazać skruchę i złożyć Bogu ofiarę zadośćuczynienia.

Nawet żyjąc w Chrystusie, czasami przypadkowo zdarza nam się zobaczyć lub usłyszeć coś złego. Dobrze byłoby, abyśmy chronili nasze serca przed takimi rzeczami. Jednak ponieważ możliwie jest, że człowiekowi wierzącemu nie uda się chronić swojego serca, i przyjmie uczucia towarzyszące takim nieczystym rzeczom, musi okazać skruchę, rozpoznać grzech i złożyć Bogu ofiarę zadośćuczynienia.

3) Jeśli człowiek przysięga

W Ks. Kapł. 5,4 czytamy: „Albo jeżeli kto przysięga, mówiąc lekkomyślnie wargami, na zło albo na dobro, tak jak to bywa, że człowiek lekkomyślnie przysięga, i z początku nie uświadamia sobie tego, a potem spostrzeże, że zawinił przez jedną z tych rzeczy". Bóg zakazał nam przysięgać, że zrobimy coś złego lub dobrego.

Dlaczego Bóg zakazuje nam przysięgać? Oczywiście naturalne jest, że Bóg zakazuje nam przysięgać, że zrobimy coś złego, jednak Bóg zakazuje nam również przysięgać, że zrobimy coś dobrego, ponieważ człowiek nie jest w stanie dotrzymać swoich przysiąg w 100% (Mat. 5,33-37; Jak. 5,12). Dopóki człowiek nie stanie się doskonały w prawdzie, serce człowieka przechyla się w zależności od korzyści i emocji, nie dotrzymuje też swoich obietnic. Co więcej, są chwile, kiedy diabeł i szatan zakłócają nasze życie i przeszkadzają w realizacji przysiąg, aby móc oskarżać wierzących. Zastanówcie się na takim przykładem: Przypuśćmy, że ktoś złożył przysięgę: „Jutro zrobię to i tamto", jednak nagle umarł. Jak może dotrzymać swojej przysięgi?

Właśnie dlatego, ludzie nie powinni przysięgać, że zrobią coś dobrego lub złego, a zamiast tego powinni modlić się do Boga i szukać u Niego siły. Na przykład, jeśli ta sama osoba przysięg, że będzie modlić się bez ustanku, zamiast przysięgać, że codziennie będzie przychodzić na wieczorne spotkania modlitewne, powinna modlić się do Boga, by pomógł jej modlić się bez ustanku i chronił ja przed przeszkodami diabła i szatana. Jeśli ktoś pochopnie przysięga, musi okazać skruszę i złożyć Bogu ofiarę zadośćuczynienia.

Jeśli w któryś z powyższych przypadków dojdzie do grzechy, człowiek „przyniesie jako ofiarę zadośćuczynienia dla Pana za swój grzech - samicę spośród małego bydła, owcę lub kozę na ofiarę przebłagalną. A kapłan dokona przebłagania za jego grzech" (Ks. Kapł. 5,6).

Składanie ofiary za grzech wiąże się z ofiarą zadośćuczynienia, ponieważ to za grzech składana jest ofiara zadośćuczynienia, i dlatego należy również złożyć ofiarę za grzech. Ofiara za grzech, jak wyjaśniliśmy wcześniej, dotyczy okazania skruchy przed Bogiem za grzech oraz odwrócenia się od tego grzechu. Jednak, jak dowiedzieliśmy się wcześniej, grzesznik musi nie tylko odwrócić się od grzechu, ale również wziąć na siebie odpowiedzialność za to, co zrobił, dlatego ofiara zadośćuczynienia sprawia, że skrucha jest doskonała.

W niektórych okolicznościach, człowiek nie może wziąć na siebie odpowiedzialności i dokonać zadośćuczynienia, ale może złożyć Bogu ofiarę zadośćuczynienia, której towarzyszy ofiara za grzechy. Nawet jeśli człowiek uczynił coś złego drugiemu człowiekowi, ponieważ popełnił grzech, którego nie powinien popełnić jako dziecko Boże, musi okazać skruchę przez Niebiańskim Ojcem.

Przypuśćmy, że pewien człowiek oszukał swoją siostrę i zabrał jej coś, co należało do niej. Jeśli brat pragnie okazać skruchę, musi przyjść do Boga, odrzucając zawiść i kłamstwo. Musi również prosić o przebaczenie swoją siostrę, przeciwko której zgrzeszył. Musi nie tylko przeprosić, ale również zadośćuczynić za stratę poniesioną przez jego siostrę w wyniki jego działania. Ofiara za grzechy to odwrócenie się od grzechu i okazanie skruchy przed Bogiem, a ofiara zadośćuczynienia to skrucha i prośba o przebaczenie siostry, jak również zadośćuczynienie i zrekompensowanie jej straty.

W Ks. Kapł. 5,6 Bóg nakazuje, że składając ofiarę za grzechy, której towarzyszy ofiara zadośćuczynienia, należy złożyć owieczkę lub kozę. W kolejnym wersecie czytamy, że każdy, kogo nie stać na owieczkę lub kozę, może złożyć dwie synagorlice lub dwa młode gołębie jako ofiarę zadośćuczynienia. Proszę pamiętać o tym, że w ofierze składane były dwa ptaki. Jeden jako ofiara za grzechy, a drugi jako ofiara całopalna.

Dlaczego Bóg nakazał, by ofiara całopalna była składana w tym samym czasie, kiedy ofiara za grzechy w postaci dwóch synagorlic lub młodych gołębi? Ofiara całopalna oznacza zachowywanie Dnia Świętego. W duchowym uwielbieniu jest to ofiara uczestnictwa w nabożeństwie w Dniu Pańskim. Dlatego, składanie ofiary w postaci dwóch synagorlic lub gołębi jako ofiara za grzech i ofiara całopalna potwierdzało skruchę człowieka i zachowywanie Dnia Pańskiego. Doskonała skrucha to nie tylko skrucha, kiedy człowiek uświadamia sobie, że zgrzeszył, ale również wyznanie grzechów i skrucha w świątyni Bożej w Dniu Pańskim.

Jeśli człowiek był tak biedny, że nie mógł złożyć w ofierze nawet synagorlic lub gołębi, mógł przynieść Bogu jedną dziesiątą efny (ok. 22l lub 5 galonów) mąki. Ofiara za grzechy miała być składana ze zwierząt, ponieważ jest ofiarą, by człowiek otrzymał przebaczenie. Jednak Bóg w swojej łasce umożliwił biednych, którzy nie byli w stanie złożyć w ofierze zwierzęcia, złożenie mąki, by mogli otrzymać przebaczenie za swoje grzechy.

Jest różnica między złożeniem ofiary za grzechy w postaci mąki a ofiary pokarmowej z mąki. Do ofiary pokarmowej dodano oliwę i kadzidło, aby uzyskać woń i udoskonalić ofiarę, jednak do ofiary za grzechy nie dodawano oliwy ani kadzidła? Dlaczego? Spalenie ofiary pokutnej ma takie samo znaczenie, co spalenie grzechów.

To, że oliwa i kadzidło nie były dodawane do mąki, w sensie duchowym mówi nam, jakie powinno być nastawienie człowieka, który przychodzi do Boga okazać skruchę. W 1 Król. 21,27 czytamy o Królu Ahabie, który ukorzył się przed Bogiem i „rozdarł szaty i włożył wór na ciało oraz pościł. Kładł się też spać w worze i chodził pokornie" Kiedy człowiek pragnie okazać skruchę, zachowuje się odpowiednio, praktykuje samokontrolę i uniża się. Będzie ostrożny w tym, co mówi i w sposobie, w jaki się zachowuje, oraz będzie starać się pokazać Bogu, że pragnie wieść życie pełne samozaparcia.

4) Jeśli człowiek zgrzeszy przeciwko rzeczom świętym lub spowoduje stratę braci w Chrystusie

W Ks. Kapł. 5,15-16 czytamy:

„Jeżeli kto popełnił nieuczciwość i zgrzeszy przez nieuwagę przywłaszczając sobie rzeczy poświęcone Panu, to przyniesie jako swoje zadośćuczynienie dla Pana baranka bez skazy, wziętego spośród drobnego bydła, którego wartość wynosiłaby według oszacowania dwa sykle srebra według wagi przybytku na ofiarę zadośćuczynienia. To, co sobie grzesznie przywłaszczył z rzeczy poświęconych, zwróci, oddając ponadto jedną piątą wartości, i odda to kapłanowi. W ten sposób kapłan dokona przebłagania za niego, ofiarując za niego baranka zadośćuczynienia, i będzie mu grzech odpuszczony".

Święte rzeczy Pańskie odnoszą się do świątyni i przedmiotów w świątyni. Pastor ani inne osoby, które złożyły ofiary, nie mogą zabrać, używać ani sprzedawać przedmiotów oddanych Bogu, które tym samym zostały uznane za święte. Co więcej, rzeczy, które mamy traktować jak święte to nie tylko „święte przedmioty", ale również cała świątynia. Świątynia jest miejscem, które wydzielił Bóg i które do Niego należy i nosi Jego imię.

Światowe ani fałszywe słowa nie mogą być wypowiadane w świątyni. Wierzący, którzy są rodzicami muszą nauczyć swoje dzieci, by nie biegały ani nie bawiły się w świątyni, by nie robiły hałasu, bałaganu ani szkód w świątyni.

Jeśli Boże święte przedmioty zostaną przypadkiem zniszczone, osoba, która je zniszczyła zastąpi je lepszymi i doskonalszymi przedmiotami bez skazy. Co więcej, zadośćuczynienie nie może być równe wartości uszkodzonego przedmiotu – należy dodać jedną piątą do jego wartości jako ofiarę zadośćuczynienia. Bóg nakazał tak, by przypomnieć nam, w jaki sposób powinniśmy się zachowywać i ćwiczyć samokontrolę. Kiedy mamy styczność ze świętymi przedmiotami, musimy być ostrożni, aby nie korzystać z nich niewłaściwie ani nie uszkodzić przedmiotów należących do Boga. Jeśli coś uszkodzimy z powodu braku ostrożności, musimy okazać skruchę z głębi serca i zadośćuczynić, przynosząc przedmiot o większej wartości niż ten, który uszkodziliśmy.

W Ks. Kapł. 6,2-5 czytamy o tym, jak otrzymać przebaczenie grzech, jeśli człowiek oczukał swojego towarzysza, jeśli chodzi o pieniądze mu powierzone lub okradł go, lub jeśli wymusił pieniądze od swojego towarzysza, albo znalazł coś, co zgubił ktoś inny i skłamał albo złożył fałszywe świadectwo. W ten sposób możemy okazać skruchę za nasze złe czyny popełnione zanim poznaliśmy Boga i otrzymać przebaczenie, uświadamiając sobie, że nieświadomie zabraliśmy coś, co należy do kogoś innego.

Aby okazać skruchę za grzechy, musimy zwrócić właścicielowi to, co zabraliśmy – nie tylko dany przedmiot, ale również musimy dodać jedną piątą wartości przedmiotu. Jedna piąta niekoniecznie oznacza część określaną numerycznie. Oznacza, że okazujemy skruchę, która wypływa prosto z serca. Bóg przebaczy nasz grzech. Na przykład, są sytuacje, kiedy nie wszystkie złe czyny z przeszłości mogą zostać naprawione. W takich sytuacjach, człowiek musi okazać szczerą skruchę. Z zarobionych pieniędzy może oddać sumę na Boże królestwo lub pomóc ludziom w potrzebie. Jeśli okaże prawdziwą skruchę, Bóg dostrzeże jego szczerość i przebaczy grzechy.

Proszę pamiętajcie, że skrucha jest najważniejszym elementem ofiary zadośćuczynienia lub ofiary za grzechy. Bóg nie pragnie, byśmy składali tłuste cielce w ofierze, ale pragnie skruszonego ducha (Ps. 51,17). Dlatego, uwielbiając Boga, musimy okazać skruchę za grzechy i zło z głębi serca oraz wydać odpowiednie owoce. Mam nadzieję, że składanie Bogu ofiary w taki sposób, jaki jest dla Niego radością, a wasze życie jest ofiarą, którą będzie mógł przyjąć, dzięki temu będziecie kroczyć w Jego miłości i błogosławieństwach.

Rozdział 8

Niech wasze ciała będą żywą i świętą ofiarą

„Zatem proszę was, bracia, przez miłosierdzie Boże, abyście dali ciała swoje na ofiarę żywą, świętą, Bogu przyjemną, jako wyraz waszej rozumnej służby Bożej".

Rzym 12,1

1. Tysiące ofiar całopalnych Salomona i błogosławieństwa

Salomon wstąpił na tron mając 20 lat. Od młodości był kształcony w wierze przez proroka Natana, kochał Boga i postępował zgodnie z nakazami swojego ojca, króla Dawida. Kiedy wstąpił na tron, Salomon złożył Bogu tysiąc ofiar całopalnych.

Złożenie tysiąca ofiar całopalnych z pewnością nie było łatwym zadaniem. W czasach starotestamentowych obowiązywało wiele ograniczeń związanych z miejscem, czasem, formą ofiary i metodą składania ofiar. Co więcej, w przeciwieństwie do zwykłych ludzi, król Salomon potrzebował więcej miejsca, ponieważ towarzyszyło mu wiele ludzi, i ponieważ składał większą ilość ofiar. W 2 Kron. 1,2-3 czytamy: „Przemówił wówczas Salomon do całego Izraela, do tysiączników i setników, do sędziów i do wszystkich książąt całego Izraela, naczelników rodów. Poszedł potem Salomon i z nim całe zgromadzenie na wyżynę, która jest w Gibeonie, ponieważ tam był Namiot Spotkania z Bogiem, jaki sporządził Mojżesz, sługa Pański, na pustyni". Salomon udał się do Gibeonu, ponieważ tam znajdował się Namiot Spotkania, który na pustyni zbudował Mojżesz.

Z całym zgromadzeniem Salomon udał się przed oblicze Boże do ołtarza z brązu, który znajdował się w Namiocie Spotkania i złożył Bogu tysiąc ofiar całopalnych. Wcześniej wyjaśniliśmy, że ofiara całopalna to ofiara składana Bogu w postaci woni spalanego zwierzęcia, która symbolizuje pełne oddanie życia Bogu i poświęcenie. Tej nocy Bóg objawił się Salomonowi we śnie i powiedział mu: „Proś o to, co mam ci dać" (2 Kron. 1,7). Solomon odpowiedział:

„Tyś okazywał mojemu ojcu, Dawidowi, wielką łaskę, a mnie uczyniłeś w miejsce jego królem. Teraz Panie Boże, niech się wypełni Twoje słowo dane mojemu ojcu Dawidowi, bo Ty sprawiłeś, iż jestem królem nad narodem tak licznym, jak proch ziemi. Daj mi obecnie mądrość i wiedzę, abym mógł występować wobec tego ludu: któż bowiem zdoła sądzić ten lud Twój wielki?" (2 Kron. 1,8-10).

Salomon nie prosił o bogactwo, honor, śmierć swoich wrogów ani o długie życie dla siebie. Prosił o mądrość i wiedzę, dzięki którym będzie mógł odpowiednio rządzić ludem. Bóg radował się odpowiedzą Salomona i dał mu mądrość i wiedzę, o które prosił, ale dał mu również bogactwo i honor, o które król nawet nie poprosił.

Bóg powiedział do Salomona: „Przeto daję ci mądrość i wiedzę, ponadto obdaruję cię bogactwem, skarbami i chwałą, jakich nie mieli królowie przed tobą i nie będą mieli po tobie" (w. 12).

Kiedy składamy Bogu w ofierze nasze uwielbienie w sposób, który jest dla Niego radością, On będzie nam błogosławił tak,

Rozdział 8

Niech wasze ciała będą żywą i świętą ofiarą

„Zatem proszę was, bracia, przez miłosierdzie Boże, abyście dali ciała swoje na ofiarę żywą, świętą, Bogu przyjemną, jako wyraz waszej rozumnej służby Bożej".

Rzym 12,1

1. Tysiące ofiar całopalnych Salomona i błogosławieństwa

Salomon wstąpił na tron mając 20 lat. Od młodości był kształcony w wierze przez proroka Natana, kochał Boga i postępował zgodnie z nakazami swojego ojca, króla Dawida. Kiedy wstąpił na tron, Salomon złożył Bogu tysiąc ofiar całopalnych.

Złożenie tysiąca ofiar całopalnych z pewnością nie było łatwym zadaniem. W czasach starotestamentowych obowiązywało wiele ograniczeń związanych z miejscem, czasem, formą ofiary i metodą składania ofiar. Co więcej, w przeciwieństwie do zwykłych ludzi, król Salomon potrzebował więcej miejsca, ponieważ towarzyszyło mu wiele ludzi, i ponieważ składał większą ilość ofiar. W 2 Kron. 1,2-3 czytamy: „Przemówił wówczas Salomon do całego Izraela, do tysiączników i setników, do sędziów i do wszystkich książąt całego Izraela, naczelników rodów. Poszedł potem Salomon i z nim całe zgromadzenie na wyżynę, która jest w Gibeonie, ponieważ tam był Namiot Spotkania z Bogiem, jaki sporządził Mojżesz, sługa Pański, na pustyni". Salomon udał się do Gibeonu, ponieważ tam znajdował się Namiot Spotkania, który na pustyni zbudował Mojżesz.

Z całym zgromadzeniem Salomon udał się przed oblicze Boże do ołtarza z brązu, który znajdował się w Namiocie Spotkania i złożył Bogu tysiąc ofiar całopalnych. Wcześniej wyjaśniliśmy, że ofiara całopalna to ofiara składana Bogu w postaci woni spalanego zwierzęcia, która symbolizuje pełne oddanie życia Bogu i poświęcenie.

Tej nocy Bóg objawił się Salomonowi we śnie i powiedział mu: „Proś o to, co mam ci dać" (2 Kron. 1,7). Solomon odpowiedział:

„Tyś okazywał mojemu ojcu, Dawidowi, wielką łaskę, a mnie uczyniłeś w miejsce jego królem. Teraz Panie Boże, niech się wypełni Twoje słowo dane mojemu ojcu Dawidowi, bo Ty sprawiłeś, iż jestem królem nad narodem tak licznym, jak proch ziemi. Daj mi obecnie mądrość i wiedzę, abym mógł występować wobec tego ludu: któż bowiem zdoła sądzić ten lud Twój wielki?" (2 Kron. 1,8-10).

Salomon nie prosił o bogactwo, honor, śmierć swoich wrogów ani o długie życie dla siebie. Prosił o mądrość i wiedzę, dzięki którym będzie mógł odpowiednio rządzić ludem. Bóg radował się odpowiedzą Salomona i dał mu mądrość i wiedzę, o które prosił, ale dał mu również bogactwo i honor, o które król nawet nie poprosił.

Bóg powiedział do Salomona: „Przeto daję ci mądrość i wiedzę, ponadto obdaruję cię bogactwem, skarbami i chwałą, jakich nie mieli królowie przed tobą i nie będą mieli po tobie" (w. 12).

Kiedy składamy Bogu w ofierze nasze uwielbienie w sposób, który jest dla Niego radością, On będzie nam błogosławił tak, że będziemy bogaci, będziemy zdrowi, a nasza dusza będzie obfitować.

2. Od czasów świątyni starotestamentowej do czasów świątyni nowotestamentowej

Po zjednoczeniu królestwa i osiągnięciu stabilności, jednak rzecz wywoływała troskę w sercu króla Dawida, ojca Salomona: Boża świątynia jeszcze nie została zbudowana. Dawidowi nie podobało się, że Arka Przymierza znajdowała się za zasłonami z materiału, podczas gdy on mieszkał w pałacu z drzewa cedrowego, dlatego postanowił zbudować świątynię. Jednak Bóg nie pozwolił mu na to, ponieważ Dawid przelał zbyt dużo krwi, dlatego nie mógł zbudować świątyni Bożej.

„Ale Pan skierował do mnie takie słowa: "Przelałeś wiele krwi, prowadząc wielkie wojny, dlatego nie zbudujesz domu imieniu memu, albowiem zbyt wiele krwi wylałeś na ziemię wobec Mnie"" (1 Kron. 22,8).

„Ale Bóg rzekł do mnie: "Nie zbudujesz domu dla imienia mego, bo jesteś mężem wojny i rozlewałeś krew"" (1 Kron. 28,3).

Podczas gdy król Dawid nie mógł spełnić swojego marzenia i zbudować świątyni, w swojej wdzięczności okazywał posłuszeństwo Bogu bez względu na wszystko. Przygotował złoto, srebro, brąz, drogocenne kamienie i drewno cedrowe oraz potrzebne materiały, aby kolejny król, jego syn, Salomon, mógł zbudować świątynię.

W czwartym roku swojego panowania, Salomon zdecydował, że spełni Bożą wolę i zbuduje świątynię Bożą. Rozpoczął projekt na Górze Moria w Jerozolimie i zrealizował go w ciągu siedmiu lat. Czterysta osiemdziesiąt lat po wyjściu narodu izraelskiego z Egiptu Boża świątynia była gotowa. Salomon umieścił w świątyni Arkę Przymierza i wszystkie święte przedmioty.

Kiedy kapłani wnieśli Arkę Przymierza do Miejsca Najświętszego, Boża chwała wypełniła świątynię, a „kapłani nie mogli pozostać i pełnić swej służby z powodu tego obłoku, bo chwała Pańska napełniła dom Pański" (1 Król. 8,11). I tak zakończyły się czasu świątyni zbudowanej na pustyni i rozpoczęły czasy świątyni Salomona.

W swojej modlitwie, powierzając świątynię Bogu, Salomon prosił Boga, by przebaczył grzechy ludu, kiedy zwrócą się do świątynie w gorliwych modlitwach.

„Dlatego wysłuchaj błaganie Twego sługi i Twego ludu, Izraela, ilekroć modlić się będzie na tym miejscu. Ty zaś wysłuchaj w miejscu Twego przebywania - w niebie. Nie tylko wysłuchaj, ale też i przebacz!" (1 Król. 8,30).

Ponieważ król Salomon wiedział, że budowa świątyni była

radością dla Boga i błogosławieństwem, z odwagą prosił Boga o swój lud. Słysząc modlitwę króla, Bóg odpowiedział:

„Pan tak przemówił do niego: «Wysłuchałem twoją modlitwę i twoje błaganie, które zanosiłeś przede Mną. Uświęciłem tę świątynię, którą zbudowałeś dla umieszczenia w niej na wieki mego Imienia. Po wszystkie dni będą na nią skierowane moje oczy i moje serce" (1 Król. 9,3).

Dlatego, kiedy człowiek uwielbia Boga dzisiaj z całego serca, umysłu i w szczerości w świątyni Bożej, w której mieszka Bóg, Bóg przyjmuje takie modlitwy i odpowiada na pragnienia serca człowieka.

3. Uwielbienie duchowe i cielesne

Z Biblii wiemy, że jest wiele rodzajów uwielbienia, którego Bóg nie przyjmuje. W zależności od serca, z jakim przychodzimy, by uwielbiać Boga, Bóg może przyjmować nasze duchowe nabożeństwa uwielbieniowe, lub odrzucać uwielbienie cielesne.

Adam i Ewa zostali wypędzeni z Ogrodu Eden z powodu ich nieposłuszeństwa. W Ks. Rodzaju 4 czytamy o ich dwóch synach. Starszy syn Kain i młodszy syn Abel. Kiedy dorośli, Kain i Abel składali ofiary Bogu. Kain złożył w ofierze „owoce ziemi" (w. 3), a Abel złożył "pierwociny ze swojego stada i tłuszczu" (w. 4). Bóg przyjął ofiarę Abla, jednak ofiarę Kaina odrzucił (w. 4-5).

Dlaczego Bóg nie przyjął ofiary Kaina? W Hebr. 9,22 czytamy, że ofiara składana Bogu musi być ofiarą z krwi, aby grzechy mogły zostać przebaczone zgodnie z prawem duchowej rzeczywistości. Dlatego, w czasach starotestamentowych w ofierze składano zwierzęta, jak cielce lub baranki, podczas gdy w czasach nowotestamentowych przyszedł Jezus, Baranek Boży i stał się ofiarą za grzechu, przelewając swoją krew.

W Hebr. 11,4 czytamy: „Kiedy Salomon zestarzał się, żony zwróciły jego serce ku bogom obcym i wskutek tego serce jego nie pozostało tak szczere wobec Pana, Boga jego, jak serce jego ojca, Dawida". Innymi słowy, Bóg przyjął ofiarę Abla, ponieważ była ofiarą krwawą zgodnie z wolą Bożą, ale odrzucił ofiarę Kaina, ponieważ nie została złożona zgodnie z wolą Bożą.

W Ks. Kapł. 10,1-2 czytamy o Nadabie i Abihu, którzy „ofiarowali przed Panem ogień inny, niż był im nakazany" i „wtedy ogień wyszedł od Pana i pochłonął ich". Czytamy również w 1 Sam. 13, jak Bóg opuścił króla Saula po tym, jak król zgrzeszył, realizując obowiązek proroka Samuela. Przed zakończeniem bitwy z Filistyńczykami, król Saul złożył ofiarę Bogu, kiedy prorok nie przybył w określonym czasie. Kiedy Samuel przybył na miejsce po tym, jak ofiara została złożona przez Saula, Saul miał wymówkę mówiąc, że zrobił to, co zrobił niechętnie, ponieważ ludzie rozproszyli się. W odpowiedzi Samuel rzekł do Saula: „Postąpiłeś niemądrze" i powiedział królowi, że Bóg go opuścił.

W Mal. 1,6-10 czytamy o tym, jak Bóg napomina dzieci

Izraela za to, że nie złożyły Mu najlepszej ofiary, a zamiast tego oddali rzeczy, które były dla nich nieprzydatne. Bóg dodaje, że nie będzie przyjmować uwielbienia, wynikającego z religijnej formalności, a nie z serca. Dzisiaj, oznacza to, że Bóg nie przyjmie uwielbienia cielesnego.

W Ew. Jana 4,23-24 czytamy, że Bóg z przyjemnością przyjmuje duchowe uwielbienie, które ludzie przynoszą do Niego w duchu i w prawdzie, i błogosławi ludziom, by osiągnęli sprawiedliwość, miłosierdzie i wierność. W Ew. Mat. 15,7-9 i 23,13-18 czytamy, że Jezus napominał faryzeuszy i uczonych w piśmie, którzy ściśle przestrzegali tradycji ludzkich, ale ich serca nie uwielbiały Boga w prawdzie. Bóg nie przyjmuje uwielbienia, którego ludzie nie oddają prosto z serca.

Boga należy uwielbiać zgodnie z zasadami, które ustanowił Bóg. Tym chrześcijaństwo różni się od religii, w ramach których wyznawcy tworzą metody uwielbienia, aby zaspokoić własne potrzeby i oddawać część tak, jak im się podoba. Z jednej strony, uwielbienie cielesne jest bezsensowne, ponieważ człowiek tylko przychodzi do świątyni i uczestniczy w nabożeństwie. Z drugiej strony, uwielbienie duchowe jest aktem podziwu wypływającego z głębi serca oraz uczestnictwem w nabożeństwach w duchu i w prawdzie przez dzieci Boże, które kochają swojego niebiańskiego Ojca. W ten sposób, nawet jeśli dwie osoby będą uwielbiać Boga w tym samym miejscu i czasie, w zależności od ich nastawienia, Bóg przyjmie uwielbienie jednego człowieka, a może odrzucić uwielbienie drugiego. Nawet jeśli ludzie przychodzą do świątyni i uwielbiają Boga, nie będzie to miało znaczenia, jeśli Bóg tego uwielbienia nie przyjmie.

4. Niech wasze ciała będą żywą i świętą ofiarą dla Boga

Jeśli celem naszego istnienia jest oddawanie chwały Bogu, uwielbienie będzie priorytetem w naszym życiu i będziemy żyć tak, aby zawsze oddawać Bogu cześć. Żywa i święta ofiara, którą przyjmuje Bóg, uwielbienie w duchu i w prawdzie nie polegają na uczęszczaniu na nabożeństwa w niedzielę raz w tygodniu, jeśli nasze życie od poniedziałku do soboty prowadzimy zgodnie z naszymi pragnieniami. Zostaliśmy powołani, by wielbić Boga w każdym miejscu i w każdym czasie.

Chodzenie do kościoła, by uwielbiać Boga jest tylko częścią życia uwielbienia. Ponieważ uwielbienie oddzielone od codziennego życia nie jest prawdziwym uwielbieniem, życie człowieka wierzącego musi być życiem duchowego uwielbienia oferowanego Bogu każdego dnia. Nie możemy uwielbiać Boga tylko w świątyni zgodnie z procedurami i zasadami; musimy również prowadzić święte i czyste życie, okazując posłuszeństwo Bogu w codziennym życiu.

W Liście do Rzymian 12,1 czytamy: „A zatem proszę was, bracia, przez miłosierdzie Boże, abyście dali ciała swoje na ofiarę żywą, świętą, Bogu przyjemną, jako wyraz waszej rozumnej służby Bożej". Tak, jak Jezus ofiarował samego siebie w ofierze za ludzkość, Bóg pragnie, byśmy nasze ciała składali w żywej i świętej ofierze dla Niego.

Oprócz uwielbienia w fizycznej świątyni, każdy z nas powinien być świątynią, ponieważ Duch Święty, który jest jedno z Ojcem, mieszka w naszych sercach (1 Kor. 6,19-20). Musimy być odnawiani każdego dnia i chronić naszych serc, by zachować świętość. Jeśli nasze serca są pełne Słowa Bożego, modlitwy i uwielbienia, i jeśli robimy wszystko w naszym życiu, by uwielbić Boga, oddajemy nasze ciała w ofierze świętej i żywej, która jest radością dla Boga.

Zanim spotkałem Boga, byłem chory. Spędzałem dni w beznadziei i rozpaczy. Chorowałem przez siedem lat, co spowodowało, że miałem wielkie długi względem szpitala i wysokie koszty medyczne do opłacenia. Byłem biedny. Jednak wszystko zmieniło się, kiedy spotkałem Boga. On uzdrowił mnie ze wszystkich moich chorób i mogłem rozpocząć nowe życie.

Oczarowany Jego łaską, pokochałem Boga ponad wszystko. W Dniu Pańskim obudziłam się o brzesku, umyłem się i założyłem świeże ubrania. Nawet jeśli parę skarpetek miałem ubraną tylko chwilę w sobotę, nigdy nie zakładałem ich do kościoła następnego dnia. Zakładałem najczystsze i najlepsze ubrania.

Nie chodzi o to, by wierzący podążali za modą i skupiali się na wyglądzie, kiedy chcą uwielbiać Boga. Jeśli człowiek naprawdę wierzy i kocha Boga, naturalne jest to, że przygotowuje się najlepiej jak potrafi, idąc na spotkanie z Tym, którego chce wywyższyć. Nawet jeśli ktoś nie może sobie pozwolić na pewne rodzaje ubrać, każdy może przygotować swoje ubranie najlepiej jak potrafi.

Zawsze starałem się składać w ofierze nowe banknoty; kiedy miałem nowe banknoty, zawsze odkładałem je na dary. Nawet w sytuacjach kryzysowych, nie wydawałem pieniędzy odłożonych na dary. Wiemy, że nawet w czasach starotestamentowych, mimo, że każdy żył w innych warunkach, ludzi przygotowywali ofiary, idąc do kapłana. Bóg nakazał nam w Ks. Wyjścia 34,20: „I nie wolno się ukazać przede Mną z pustymi rękami".

Jak nauczyłem się od pewnego ewangelisty, zawsze miałem przygotowaną małą lub dużą ofiarę na każde nabożeństwo. Mimo, że ledwo dawaliśmy sobie z żoną radę ze spłacaniem odsetek długu, nigdy nie okazywaliśmy niechęci ani nie narzekaliśmy, składając dary. Jakże moglibyśmy tego żałować, skoro nasze dary były wykorzystywane, by ratować ludzi i budować Boże Królestwo?

Widząc nasze poświęcenie, Bóg w wybranej przez siebie chwili pobłogosławił nam tak, że mogliśmy spłacić nasz dług. Zacząłem modlić się do Boga, aby uczynił ze mnie dobrego starszego kościoła, który będzie pomagać biednym i troszczył się o sieroty, wdowy i chorych. Niespodziewanie Bóg powołał mnie, bym został pastorem i poprowadził mnie, bym kierował kościołem, który ratuje niezliczone ilości dusz. Nie zostałem starszym, ale mogę pomagać jeszcze większej ilości ludzi i dzięki mocy Bożej mogę uzdrawiać chorych. To o wiele więcej niż to, o co się modliłem.

5. "Aż Chrystus zostanie w was ukształtowany"

Tak, jak rodzice starają się, jak mogą, wychowując swoje dzieci, tak potrzeba wiele pracy, wytrwałości i poświęcenia, troszcząc się i prowadząc dusze do prawdy. Apostoł Paweł w Gal. 4,19 wyznaje: „Dzieci moje, oto ponownie w bólach was rodzę, aż Chrystus w was się ukształtuję".

Wiem, że Bóg uważa każdą duszę za cenniejszą niż wszystko inne we wszechświecie i pragnie, aby wszyscy otrzymali zbawienie, tak samo ja staram się, jak mogę, by każda dusza odnalazła drogę do zbawienie i do Nowego Jeruzalem. Starając się, by poziom wiary członków kościoła doszedł „do miary wielkości według Pełni Chrystusa" (Efez. 4,13), modliłem się i przygotowywałem poselstwo w każdej chwili, kiedy tylko mogłem. Są chwile, kiedy chciałby usiąść z członkami kościoła i porozmawiać, jako pasterz odpowiedzialny za prowadzenie trzody we właściwym kierunku, praktykuję samokontrolę we wszystkim i realizuję obowiązki dane mi przez Boga.

Mam dwa pragnienia dla każdego człowieka wierzącego. Po pierwsze, chciałbym, aby wierzący nie tylko otrzymali zbawienie, ale aby zamieszkali w Nowym Jeruzalem, najpiękniejszym miejscu w niebie. Po drugie, chciałbym, aby wszyscy wierzący prowadzili życie w obfitości i nie musieli cierpieć z powodu biedy. Ponieważ kościół przeżywa ożywienie i zwiększa się liczba ludzi, którym pomagamy i którzy są uzdrawiani, nie jest łatwo zauważać potrzeby wszystkich członków kościoła i próbować je zaspokoić.

Największe obciążenie odczuwam wtedy, kiedy ludzie wierzący grzeszą, ponieważ wiem, że kiedy grzesznik grzeszy, oddala się od Nowego Jeruzalem. W skrajnych przypadkach, może nie otrzymać zbawienia. Człowiek wierzący może otrzymać odpowiedzi oraz duchowe i fizyczne uzdrowienie tylko, jeśli zburzy ścianę grzechu między sobą a Bogiem. Modląc się do Boga w imieniu grzeszników, nie mogę spać, mam konwulsje, płaczę i tracę energię, poświęcając wiele godzin na modlitwę i post.

Bóg, przyjmując nasze ofiary, okazuje miłosierdzie tak, że nawet ludzie zupełnie nie godni zbawienia otrzymują ducha skruchy, okazują żal i otrzymują zbawienie. Bóg otworzył szeroko drzwi prowadzące do zbawienia, aby wielu ludzi na świecie przyszło i usłyszało ewangelię świętości i zobaczyło dowody Jego mocy.

Kiedy wiedzę, jak wielu ludzi wzrasta w prawdzie, jest to dla mnie wspaniałą nagrodą. Tak, jak nieskazitelny Pan złożył samego siebie w ofierze, która była wonnością dla Boga (Efez. 5,2), tak i ja maszeruję, by ofiarować każdy aspekt mojego życia jako świętą i żywą ofiarę dla Boga, Jego królestwa i dusz.

Kiedy dzieci honorują swoich rodziców z okazji Dnia Matki lub Dnia Ojca (w Korei Dzień Rodziców) i okazują wdzięczność, rodzice są bardzo szczęśliwi. Nawet jeśli okazana wdzięczność niekoniecznie jest taka, jakiej życzyliby sobie rodzice, rodzice cieszą się, ponieważ otrzymują coś od swoich dzieci. Tak samo, kiedy dzieci Boże oddają Mu cześć z poświęceniem i miłością do Niebiańskiego Ojca, Bóg raduje się i błogosławi im. Oczywiście, żaden człowiek wierzący nie może żyć po swojemu w ciągu tygodnia, a okazywać poświęcenie w niedzielę! Jezus powiedział w Ew. Łuk. 10,27, że każdy człowiek wierzący musi kochać Boga z całego serca, z całej duszy, siły i umysłu oraz składać samego siebie w ofierze żywej i świętej każdego dnia. Oddając Bogu cześć w duchu i w prawdzie i składając Mu w ofierze woń naszych serc, każdy czytelnik może radować się obfitymi błogosławieństwami, które przygotował dla niego Bóg.

O autorze
Dr. Jaerock Lee

Dr Jaerock Lee urodził się w 1943 roku w Korei, w prowincji Jeonnam w mieście Muan. W wieku dwudziestu lat dowiedział się, że jest nieuleczalnie chory i odtąd przez siedem lat oczekiwał śmierci bez żadnej nadziei na wyzdrowienie. Jednak wiosną 1974 roku siostra zaprowadziła go do kościoła. Kiedy ukląkł do modlitwy, Bóg uzdrowił go ze wszystkich dolegliwości.

Od momentu spotkania z Bogiem dr Lee pokochał Go ze szczerego serca, aby w 1978 roku stać się Jego sługą. Posłuszny Słowu Bożemu modlił się żarliwie, aby zrozumieć i móc spełniać wolę Boga. W 1982 roku w założonym przez niego kościele Manmin w Seulu w Południowej Korei miały miejsce niezliczone dzieła Boże, w tym uzdrowienia i cuda.

W 1986 roku podczas dorocznego zgromadzenia Kościoła „Jesus' Sungkyul Church" dr Lee został wyświęcony na pastora. Cztery lata później w 1990 roku stacje Far East Broadcasting Company, Asia Broadcast Station oraz Washington Christian Radio System transmitowały jego kazania do Australii, Stanów Zjednoczonych, Rosji oraz na Filipiny.

Trzy lata później w 1993 roku amerykański magazyn Christian World zaliczył kościół Manmin Central Church do światowej czołówki 50 najlepszych kościołów na świecie, natomiast pastor Jaerock Lee otrzymał od amerykańskiej uczelni na Florydzie Christian Faith College tytuł honoris causa teologii (Honorary Doctorate of Divinity) oraz w 1996 roku doktorat z kapłaństwa od seminarium duchownego Kingsway Theological Seminary, Iowa, USA.

Od 1993 dr Lee głosi ewangelię podczas podróży misyjnych w wielu miejscach i krajach: Tanzanii, Argentynie, Los Angeles, Baltimore, Hawaje, Nowy Jork, Uganda, Japonia, Pakistan, Kenia, Filipiny, Honduras, Indie, Rosja, Niemcy, Peru, Kongo, Izrael i Estonia.

W 2002 roku został wybrany przez chrześcijańską gazetę w Korei jako światowy głosiciel odnowy religijnej ze względu na potężne misje, które organizuje. Szczególną uwagę zwróciła jego misja przeprowadzona w Nowym Jorku w 2006 na Madison Square Garden, najsłynniejszej arenie na świecie. Wydarzenie było transmitowane do

220 krajów, oraz Misja w Izraelu w 2009 roku, która odbyła się w International Convention center (ICC) w Jerozolimie, podczas której odważnie ogłosił, że Jezus Chrystus jest Mesjaszem i Zbawicielem.

Jego kazania są transmitowane do 176 nacji przy uzyciu satelity, łącznie z GCN TV. Został uznany za jednego z „10 najbardziej wpływowych przywódców chrześijańskich" 2009 i 2010 roku przez popularny rosyjski magazyn chrześcijański „W zwycięstwie" i agencję prasową Christian Telegraph za służbę telewizyjną i międzynarodową służbę pastorską.

Od maja 2013 Kościół Centralny Manmin zgromadza ponad 120 000 członków. Ma 10 000 kościołów na całym świecie – 56 kościołów lokalnych, oraz 129 misji w 23 krajach, łączni z USA, Rosją, Niemcami, Kanadą, Japonią, Chinami, Francją, Indiami, Kenią i wieloma innymi.

Na ten moment, dr Lee napisał 85 książek, łącznie z bestsellerami „Tasting Eternal Life before Death" „Moje życie, Moja Wiara" I II, „Poselstwo krzyża", „Miara wiary"", „Niebo" I II, „Piekło", „Obudź się Izraelu!" oraz „Moc Bożą". Jego prace zostały przetłumaczone na 75 języków.

Jego artykuły chrześcijańskie publikowane są w The Hankook Ilbo, The JoongAng Daily, The Chosun Ilbo, The Dong-A Ilbo, The Munhwa Ilbo, The Seoul Shinmun, The Kyunghyang Shinmun, The Korea Economic Daily, The Korea Herald, The Shisa News, oraz The Christian Press.

Dr Lee jest obecnie przywódcą wielu organizacji misyjnych i stowarzyszeń: przewodniczącym kościoła United Holiness Church of Jesus Christ, prezesem misji Manmin World Mission, prezesem stowarzyszenia World Christianity Revival Mission Association, założycielem i prezesem zarządu Global Christian Network (GCN), założycielem i prezesem zarządu World Christian Doctors Network (WCDN), założycielem i prezesem zarządu seminarium Manmin International Seminary (MIS).

Inne książki autora

Niebo I & II

Szczegółowy opis wspaniałego życia, które jest udziałem mieszkańców nieba, cieszących się pięknem królestwa niebieskiego.

Przesłanie Krzyża

Potężne przesłanie pobudzające do myślenia dla ludzi, którzy są w duchowym śnie! W niniejszej książce znajdziesz powód, dla którego tylko Jezus jest Zbawicielem oraz odczujesz prawdziwą miłość Bożą.

Piekło

Przesłanie dla człowieka od Boga, który pragnie wyratować każdą duszę z głębi piekła! W tej książce odkryjesz nigdy wcześniej nie opisywaną okrutną rzeczywistość piekła.

Duch, Dusza i Ciało I & II

Przewodnik, który daje duchowe zrozumienie ducha, duszy i ciała oraz pomaga dowiedzieć się więcej o naszym „ja", abyśmy zyskali dość siły, by pokonać ciemność i stać się ludźmi ducha.

Miara Wiary

Jakie schronienie, korona i nagrody czekają na Ciebie w niebie? Niniejsza książka da Ci możliwość, abyś z mądrością i wskazówkami Bożymi sprawdził swoją wiarę, aby następnie zbudować wiarę lepszą i dojrzalszą.

Wzbudzony Izrael

Dlaczego Bóg trzyma pieczę nad Izraelem od początku świata aż do dnia dzisiejszego? Jakie przeznaczenie jest przygotowane dla Izraela w ostatnich dniach oczekiwania na Mesjasza?

Moje Życie, Moja Wiara I & II

Niezwykły aromat życia duchowego wydobyty dzięki osobie, której życie rozkwitło w otoczeniu nieograniczonej miłości do Boga, pomimo ciążącego jarzma, ciemności i rozpaczy.

Moc Boża

Książka, którą musisz przeczytać, ponieważ dostarcza istotnych wskazówek, dzięki którym można posiąść prawdziwą wiarę oraz doświadczyć niesamowitej mocy Boga.

www.urimbooks.com

www.ingramcontent.com/pod-product-compliance
Lightning Source LLC
LaVergne TN
LVHW021827060526
838201LV00058B/3537